Jacil Rodrigues de Brito

Vós sereis o meu povo e eu serei o vosso Deus

Teologia da aliança

Teologias bíblicas 2

Dados Internacionais de Catalogação na Publicação (CIP)
(Câmara Brasileira do Livro, SP, Brasil)

Brito, Jacil Rodrigues de
    Vós sereis o meu povo e eu serei o vosso Deus : teologia da aliança / Jacil Rodrigues de Brito. – São Paulo : Paulinas, 2004. – (Coleção bíblia em comunidade. Série teologias bíblicas ; 2)

Bibliografia.
ISBN 978-85-356-1330-8

1. Alianças (Teologia) - Ensino bíblico I. Título. II. Série.

04-2974   CDD-238

Índice para catálogo sistemático:

1. Aliança : Ensino bíblico : Teologia cristã   238

1ª edição – 2004
1ª reimpressão – 2022

Citações bíblicas: *Bíblia de Jerusalém*. São Paulo, Paulus, 1990.

Direção-geral: *Flávia Reginatto*
Editora responsável: *Noemi Dariva*
Copidesque: *Mônica Elaine G. S. Costa*
Coordenação de revisão: *Andreia Schweitzer*
Revisão: *Ana Cecilia Mari*
Direção de arte: *Irma Cipriani*
Gerente de produção: *Felício Calegaro Neto*
Capa e editoração eletrônica: *Sandra Regina Santana*
Ilustração da capa: *Soares*

Nenhuma parte desta obra poderá ser reproduzida ou transmitida por qualquer forma e/ou quaisquer meios (eletrônico ou mecânico, incluindo fotocópia e gravação) ou arquivada em qualquer sistema ou banco de dados sem permissão escrita da Editora. Direitos reservados.

SAB – Serviço de Animação Bíblica
Av. Afonso Pena, 2142 – Bairro Funcionários
30130-007 – Belo Horizonte – MG
Tel.: (31) 3269-3737 – Fax: (31) 3269-3729
e-mail: sab@paulinas.com.br

Paulinas
Rua Dona Inácia Uchoa, 62
04110-020 – São Paulo – SP (Brasil)
Tel.: (11) 2125-3500
http://www.paulinas.com.br – editora@paulinas.com.br
Telemarketing e SAC: 0800-7010081
© Pia Sociedade Filhas de São Paulo – São Paulo, 2004

Apresentação

Dando sequência à série "Visão global da Bíblia" — a qual apresenta as grandes etapas da história da salvação, que Deus realizou em favor do seu povo, e os escritos bíblicos que provavelmente surgiram nesse contexto geográfico do Oriente Próximo —, esta segunda série, "Teologias bíblicas", da Coleção Bíblia em Comunidade mostra as diferentes intuições ou visões que o povo teve sobre Deus: Teologia do êxodo, Teologia da graça, Teologia sapiencial, Teologia sacerdotal e outras.

Na terceira série — "Bíblia como literatura" —, encontraremos os diferentes gêneros literários presentes na Bíblia, como alegorias, fábulas, sagas, parábolas e tantos outros. Estes constituem muitas vezes a grande dificuldade para compreender e interpretar adequadamente o texto bíblico.

Por fim, a quarta série, "Recursos Pedagógicos", traz ferramentas metodológicas importantes para auxiliar no estudo e aprofundamento do conteúdo que é oferecido nas três séries: Visão Global da Bíblia, Teologias Bíblicas e Bíblia como Literatura. Esta série ajuda, igualmente, na aplicação de uma Metodologia de Estudo e Pesquisa da Bíblia; na Pedagogia Bíblica usada para trabalhar a Bíblia com crianças, pré-adolescentes, adolescentes e jovens; na Relação de Ajuda para desenvolver as habilidades de multiplicador e multiplicadora da Palavra, no meio onde vive e atua.

Já no título deste segundo volume, *Vós sereis o meu povo e eu serei o vosso Deus,* é apresentada a fórmula bíblica da aliança de amor e de fidelidade que Deus fez com os antepassados do povo. Ele a renovou conosco no seu Filho Jesus (cf. Jo 15,5): "Isto é o meu corpo, que é para vós, fazei isto em memória de mim [...]. Este cálice é a nova Aliança em meu sangue; todas as vezes que dele beberdes, fazei-o em memória de mim" (1Cor 11,24-25). O autor inicia no primeiro capítulo a abordagem do tema da aliança nas Escrituras, analisando o valor da palavra *BeRiT* no texto hebraico. Normalmente o termo é traduzido por aliança ou pacto. Ressalta também a influência que Israel sofreu dos povos circunvizinhos, a linguagem comum usada na época, as alianças entre pessoas, grupos e nações e, por fim, como Israel chegou a perceber a aliança com seu Deus.

"A linguagem matrimonial na expressão da aliança entre Deus e o seu povo" é o tema do segundo capítulo. Dois elementos caracterizam tal linguagem: a escolha/eleição e o amor. Estes são elementos essenciais para que haja matrimônio. Do mesmo modo, Deus escolhe Israel como um homem escolhe uma mulher e vice-versa (por amor), para estabelecer uma relação de casamento. A linguagem nupcial, na aliança de Deus com o seu povo, está presente nos escritos bíblicos desde o Pentateuco, passando pelos profetas e por outros escritos, como o Cântico dos Cânticos.

O terceiro capítulo mostra como "A linguagem matrimonial no Segundo Testamento" está presente de modo especial nos escritos paulinos e no evangelho de João. Em ambos, a comunidade cristã é identificada como esposa de Jesus Cristo no sentido espiritual e alegórico.

Depois de uma leitura atenta dos textos da aliança na ótica da linguagem matrimonial, passamos para o quarto capítulo, "Principais alianças na Bíblia", em que são examinados os textos mais significativos do Primeiro e Segundo Testamento. A narrativa da aliança de Deus com Noé é uma releitura dos textos da criação; com Abraão, a aliança se apresenta sobre a dupla exigência da fé e da circuncisão. Com Moisés, a aliança é selada no Sinai com as dez Palavras.

No quinto capítulo, "A aliança nos escritos proféticos e sapienciais" traz novas exigências éticas: do direito e da justiça. A aliança aparece como busca da sabedoria e desejo de ensiná-la para que sirva de orientação na vida cotidiana.

Por fim, no sexto capítulo, "A aliança no Segundo Testamento", a experiência de fé da comunidade cristã primitiva, na messianidade de Jesus, suscitou uma nova releitura do Primeiro Testamento, sempre a partir de Jesus, que realiza a nova aliança em seu sangue.

O tema da aliança é fundamental nas Escrituras. A forma como o autor o aborda com base na língua original e na compreensão que o povo da Bíblia teve no decorrer de sua história é fundamental para uma exata compreensão também do tema no Segundo Testamento. Você irá perceber que a linguagem é simples, acessível, mas sem deixar de lado uma abordagem profunda.

Romi Auth, fsp
Serviço de Animação Bíblica (SAB)

Introdução

Na linguagem atual, o termo aliança é usado com frequência no campo político, econômico e social, em que grupos de interesse se aliam ou, em nível mais amplo, países se unem para atingir determinados objetivos. No campo econômico, destacamos as alianças dos países europeus com o Mercado Comum Europeu, a América do Sul e Caribe com o Mercosul, a América do Norte com a Alca. No campo político, o Grupo dos Sete, a Liga Árabe e outros. Cada uma dessas alianças estabelece regras de inclusão e exclusão. É claro que não vamos tratar aqui desse tipo de alianças mas da aliança no seu sentido religioso, teológico. Da aliança de Deus com o povo de Israel e do povo de Israel com o seu Deus.

Como é que nasceu essa ideia da aliança no meio do povo de Israel? Desde muito cedo, Israel tomou consciência de que Deus o escolheu como seu povo não por ser numeroso, pelo seu poder, pela sua riqueza ou pelo seu aparato militar, mas ao contrário, por ser o: "[...] menor dentre os povos! Por amor a vós e para manter a promessa que ele jurou aos vossos pais [...]" (Dt 7,7-8). Com isso não queremos dizer que Deus tenha excluído os demais povos de sua aliança, mas sim afirmar como o povo de Israel percebeu a relação de Deus com ele e vice-versa.

Significado da palavra *BeRiT*

Para melhor compreensão do tema, vamos iniciá-lo pela etimologia da palavra aliança e do seu significado na língua original. Nós estamos acostumados a usar a palavra "aliança" em diferentes sentidos: conjugal, político, social, econômico, religioso e outros. Na Bíblia vamos encontrar essas mesmas conotações e usos. A palavra "aliança" foi traduzida do hebraico: *BeRiT*. A origem desse vocábulo não é muito clara no que concerne à sua etimologia. Quer dizer acordo, juramento, empenho ou pacto entre duas partes distintas. Alguns afirmam que *BeRiT* designa o ato de comer ou, mais precisamente, a refeição feita por ocasião de um pacto. Outros dizem que a palavra aliança, ao ser mencionada, deve ser precedida pelo verbo *KaRaT*, que quer dizer "cortar". Assim, a expressão completa seria *KaRaT BeRiT* ("cortar aliança").

Essa expressão pode ser explicada nos pactos antigos realizados entre duas pessoas no ato da compra ou venda de terreno, casa, animais e outros; ou de um acordo político firmado entre dois reis. Era uma prática comum entre eles dividir um animal em duas partes, colocando-as depois uma em frente da outra, com um espaço suficiente para que os dois envolvidos no pacto pudessem passar entre as duas partes. Então, deviam pronunciar um juramento concernente ao acordo concluído e às palavras ditas. O referido juramento era proferido oralmente e acompanhado pelo gesto que enfatizava as palavras pronunciadas. Nesse caso, era o sangue do animal sacrificado que testemunhava o acordo feito.

Outros afirmam que o vocábulo *BeRiT* vem da língua acádica *BeRiTu*, que quer dizer "corrente", indicando o elo entre duas partes do contrato.

Diversidade de exemplos de BeRiT no Primeiro Testamento

Em diversas passagens da Escritura, *BeRiT* aparece como empenho assumido só por parte de Deus. Ele se compromete sem exigir nenhuma contrapartida. Não se trata, portanto, de uma aliança propriamente dita, mas de uma promessa feita a Noé, Abraão e Fineias. O aspecto formal que demonstra tal empenho de Deus com Noé é o Arco-íris (cf. Gn 9,8-18); com Abraão é o rito de imprecação (cf. Gn 15,1-19); e com Fineias, a garantia do sacerdócio eterno (cf. Nm 25,10-13). *BeRiT* aparece também como empenho imposto por Deus a Israel na conclusão da aliança em Êxodo 24,3-8, no reconhecimento pelos benefícios recebidos pelo povo de Israel (cf. Dt 29,1-8) e no empenho assumido de realizar o sinal da aliança com a circuncisão (cf. Gn 17). *BeRiT* como empenho recíproco aparece nas alianças entre pessoas como Abimelec e Abraão (cf. Gn 21,22-34), entre Abimelec e Isaac (cf. Gn 26,27-31), entre Labão e Jacó (cf. Gn 31,44-54). Nesses casos a aliança é selada com um empenho recíproco, envolvendo com igual responsabilidade ambas as partes. Contudo, a existência de uma aliança entre Deus e seu povo aparece também em textos em que não está presente a palavra *BeRiT*, como em Deuteronômio 16,17-19, e traz o mesmo sentido de Deuteronômio 29,11-13, no qual ela está presente. Há um empenho bilateral de Deus em realizar suas promessas, e do povo em ser fiel a Deus.

O tema da Teologia da aliança é muito amplo, e encontramos muitos textos sobre ele. Vamos, porém, ater-nos a alguns aspectos como a compreensão da linguagem matrimonial na expressão da aliança entre Deus e seu povo no Primeiro Testamento, e de Cristo e sua Igreja no Segundo Testamento. Observaremos também aspectos político-sociais e religiosos, sobretudo na releitura profética do período do exílio. Depois analisaremos textos que consideramos mais significativos sobre a aliança contidos na Bíblia, passando pelos seus personagens principais: Noé, os patriarcas (Abraão, Isaac e Jacó), Moisés, Davi, profetas, sábios, Jesus Cristo e Paulo.

1
O valor da palavra nas alianças

Na cultura brasileira, as negociações eram e continuam sendo feitas em torno da palavra oral e confirmada pela escrita, na forma de testamentos, reconhecimento de assinaturas, carimbos etc. No passado a palavra tinha um valor absoluto. Faltar com ela levava à desmoralização, à perda da credibilidade. A palavra possuía, mais do que hoje, talvez, um valor muito grande. Era o mesmo que dizer "palavra dada é palavra cumprida". Este dado nos aproxima da cultura bíblica, na qual a palavra tem poder e força de criação. Deus cria o universo e tudo o que nele existe pela palavra. Assim, todo ato humano deve ser também revestido da palavra que confirma, dá vida e orienta nossas ações. É o uso consciente da palavra que faz de nós, seres humanos, sujeitos de relações, ligando-nos uns com os outros e com o próprio Deus. Sem ela todo e qualquer ritual fica destituído de valor real. Isso é válido para todos os âmbitos culturais. O fato é que toda cultura desenvolve a sua maneira peculiar de se relacionar.

Influência de outros povos sobre Israel

O povo de Israel foi alvo de diversas dominações de impérios e povos vizinhos. Em algumas dominações suportou exílios de grande parte de sua população. Dentro e fora do país, sobretudo, esteve em contato com outros povos, dos quais sofreu influências culturais, como dos assírios, babilônios, hititas e outros. Estes eram acostumados a fazer tratados de aliança com os povos vizinhos. Israel foi influenciado por esses povos, até mesmo no modo de reformular a sua fé e identidade. Isso se reflete também na sua relação com Deus. Israel releu a sua experiência de relação com seu Deus a partir dos tratados de vassalagem dos reis assírios. Lohfink, um grande estudioso da Bíblia, afirma:

> Que os autores do Deuteronômio eram influenciados na sua teologia da aliança por esquemas de pensamento e instituições assírias é suficientemente provado por muitos paralelismos terminológicos e pela direta dependência do Deuteronômio 28,28-33 por um tratado assírio. Temos aqui o fenômeno de reorganização das antigas tradições de Israel, com a ajuda de um sistema que provém da cultura inimiga dominante.[1]

Todo o segundo discurso de Moisés em Dt 4,44–28,68 foi estruturado sobre o esquema dos tratados assírios. Como eram esses tratados? Eles seguiam fundamentalmente seis passos propostos pelo rei mais forte, que sugeria o tratado de vassalagem ao mais fraco. Esses tratados iniciavam-se com um *preâmbulo*, no qual o rei mais forte apresentava suas prerrogativas e seus títulos ao rei vassalo. Seguia-se o *prólogo histórico*, no qual descrevia os benefícios que já havia concedido ao rei vassalo. Depois, fazia *exigências de base*, como a fidelidade, e, em alguns casos, seguiam-se *estipulações particulares* que diziam respeito à forma. *Os deuses eram chamados como testemunhas* do tratado feito. Aos reis vassalos que eram fiéis no cumprimento das cláusulas havia a descrição das bênçãos, e aos infiéis, as maldições.

No estudo dos textos bíblicos com base nesses tratados de vassalagem, não encontramos uma correspondência plena, porém são muito inspiradores para percebermos a sua

---

[1] LOHFINK, N. Creazione e salvezza secondo il Códice sacerdotale. In *Biobor* 26 (1978), pp. 87-96.

influência até mesmo no modo de Israel conceber sua relação com Deus. É claro que não vamos encontrar a invocação dos deuses pagãos como testemunhas. No seu lugar nos deparamos com um apelo ao céu ou à terra, como em Deuteronômio 31,28 e Isaías 1,2, ou mesmo a ereção de um obelisco de pedra como testemunha da aliança (cf. Js 24,27), ou, ainda, a composição de um cântico (cf. Dt 31,19).

Vamos conferir o esquema do tratado de vassalagem no segundo cântico de Moisés: no *preâmbulo,* o Deuteronômio 4,44-49 fala das conquistas que Moisés e o povo conseguiram ao sair do Egito; no *prólogo histórico parenético,* Deus apresenta todos os benefícios que concedeu ao povo, desde que os tirou da terra do Egito e os conduziu à terra prometida (cf. Dt 5–11); na *exigência de fidelidade,* Deus pede que o povo seja fiel à observância dos estatutos e das normas que lhe foram prescritas (cf. Dt 26,16-19); nas *estipulações particulares,* Deus estabelece normas mais precisas que devem ser observadas pelo povo, como os lugares de culto, precisões sobre os sacrifícios, animais puros ou impuros, o ano sabático, as festas etc. (cf. Dt 12,1–26,16); nas *bênçãos e maldições,* Deus promete bênçãos aos que forem fiéis e maldições aos infiéis (cf. Dt 28,1-46). Podemos constatar o mesmo esquema num texto menos extenso em Deuteronômio 29–30: o *preâmbulo* como uma introdução ou ambientação (cf. Dt 28,69) para a *recordação histórica* dos benefícios que Deus concedeu ao povo (cf. Dt 29,1b-8); a *exigência de fidelidade* à aliança de Deus (cf. Dt 29,9-14); *orientações* de como proceder (cf. Dt 29,15-18); *bênçãos* aos que são fiéis (cf. Dt 30,1-10.15-16) e *maldições* aos infiéis (cf. Dt 29,19-27; 30,17-18); as *testemunhas* são o céu e a terra (cf. Dt 30,19).

O que esses esquemas de tratados nos textos bíblicos querem ressaltar? A iniciativa e a soberania de Deus de um lado e a resposta do povo de outro, que implica uma responsabilidade.

Israel torna-se, desse modo, uma sociedade consagrada a Deus; colocada à parte por ele, torna-se um modelo alternativo e uma contraproposta para todos os povos. Deus e o povo se empenham reciprocamente, não como parceiros iguais, mas trocam declarações que são seladas numa aliança (cf. Dt 26,17-19). Há uma dúplice ação–empenho. A aliança é, de fato, um empenho e uma obrigação bilateral livremente assumida e selada com uma solene declaração. A relação entre Deus e o povo, mesmo ao inspirar-se nesses tratados hititas ou assírios, não toma conotações de um legalismo acirrado, antes há uma relação amigável, pessoal, interior e social entre Deus e seu povo. O tratado nasce da liberdade e da escolha gratuita de Deus por um povo que se reconhece pequeno, o menor dentre todos os povos (cf. Dt 7,7-9). Na mesma linha segue o Segundo Testamento, no qual a escolha de Deus também recai sobre os pequenos e fracos (cf. 1Cor 1,26).

Há alianças unilaterais em que só Deus toma a iniciativa, contudo não podemos dizer que houve uma ruptura como causa da infidelidade do ser humano. São as alianças de Deus com Noé e Abraão que jamais foram rompidas por parte de Deus e trazem segurança absoluta. Quando ela é bilateral, a ruptura torna-se possível. O Primeiro Testamento é cheio de referências que falam da infidelidade de Israel nos empenhos assumidos. Os profetas advertiram constantemente o povo contra as infidelidades dos reis e do povo. Isaías denuncia essa infidelidade por meio da alegoria da vinha, que em vez de produzir frutos bons, produzia uvas azedas, o que revela a infidelidade de Israel. E o que fará o dono da vinha? Ele a devastará, o que corresponde às maldições. Este é um oráculo de ameaça do profeta contra o povo (cf. Is 5,1-6). Oseias igualmente apresenta a aliança de Deus com o povo na forma de uma aliança "nupcial", mas o povo é infiel, adúltero, prostituindo-se com outros deuses, sendo assim infiel a seu Deus (cf. Os 1–2). Jeremias não deixa de denunciar a dureza de coração do povo que não escuta a voz de Deus (cf. Jr 7,23-29). A releitura que o povo faz das consequências da ruptura da aliança é tremenda: invasão dos babilônios, derrota militar, destruição da cidade, incêndio do templo, deportação do povo, exílio. A ruína descrita em 2 Crônicas 36,14-21 é total.

A linguagem comum na aliança

O povo da Bíblia não inventa tais formas de pacto. Elas vêm, como já foi mencionado, dos povos circunvizinhos, da prática corriqueira do dia a dia. Os escritores bíblicos retomaram essas formas comuns que existiam entre as pessoas na sua sociedade e as revestiram de um caráter sagrado. Eles usam a mesma linguagem para expressar a aliança entre Deus e o seu povo escolhido, Israel. Deus não fala uma linguagem incompreensível, que nos seja estranha. É por isso que a sua palavra na Bíblia é uma palavra humana, nossa, e dela se serve para comunicar-se conosco. É por essa razão que os textos bíblicos são repletos de antropomorfismos[2] e antropopatismos.[3]

A Bíblia menciona muitas alianças firmadas entre pessoas, reinos e Deus com o seu povo. Vamos dar maior atenção àquelas que foram mais significativas para o povo de Israel e que respondem a uma compreensão global da Teologia da aliança. A primeira vez que aparece a palavra aliança na Bíblia é em

---

[2] *Antropos*, em grego, significa "homem como gênero humano", e *morfê* "forma". Por isso, antropomorfismo corresponde a atribuir a Deus gestos e formas que são próprios do ser humano. Exemplo: "Deus modelou [...] insuflou um hálito de vida [...]" (Gn 2,7).

[3] Antropo–patismo: *patia*, em grego, corresponde a "sentimento". Portanto, antropopatismo corresponde a atribuir a Deus sentimentos que são próprios do ser humano. Exemplo: "O Senhor arrependeu-se de ter feito o homem sobre a terra, e afligiu-se o seu coração" (Gn 6,6).

Gênesis 6,18. É a aliança que Deus estabelece com Noé. Depois de haver-se arrependido de ter criado o ser humano por causa da sua crescente maldade, Deus decidiu exterminá-lo: "Farei desaparecer da superfície do solo os homens que criei – e com os homens os animais, os répteis e as aves do céu –, porque me arrependo de os ter feito. Mas Noé encontrou graça aos olhos de Deus" (Gn 6,5-8). Deus faz uma aliança com ele (cf. Gn 6,18). Após o dilúvio, com a destruição total, Deus de certo modo se arrepende do que fez e promete nunca mais amaldiçoar "a terra por causa do homem" (Gn 8,20-22).

Aliança entre pessoas

Os escritores bíblicos estão sempre às voltas com relatos de relações de aliança. Faz-se aliança entre pessoas: Davi e Jônatas (cf. 1Sm 18,3), Davi e os anciãos (cf. 1Cr 11,3), Josué e os Gabaonitas (cf. Js 9,1-27), Jacó e Labão (cf. Gn 31,44). Entre líderes: Abraão e Abimelec (cf. Gn 21,22-34), entre reinos (cf. 1Rs 15,16-22) e países etc. Isso nos chama a atenção para a extensão do assunto no mundo bíblico. É claro que não seria possível, neste volume, abordar todo esse conteúdo. Por isso, tomaremos o fio condutor da narrativa apontando para o que é essencial, tanto do ponto de vista do conteúdo quanto dos personagens e circunstâncias envolventes e envolvidos.

Todas essas narrativas obedecem basicamente ao mesmo eixo central: o estabelecimento de uma aliança era sempre marcado por uma cerimônia, como é o caso da aliança entre Abraão e Abimelec, na qual se fala de um pacto acompanhado de um sinal, de uma refeição e de um juramento (cf. Gn 26,26-33). Há também o sinal do animal partido em dois, no meio do qual passavam os envolvidos na aliança (cf. Gn 15; Jr 34,18). Esse gesto simbólico os comprometia com a vida. Ou seja, caso não fossem fiéis à aliança que acabavam de firmar, estavam sujeitos à mesma sorte do animal sacrificado. Na aliança de Deus com Noé aparece como sinal o arco-íris (cf. Gn 9,13), e em outras alianças um monumento de pedras erigido pelas partes envolvidas (cf. Gn 31,51). Em nosso estudo vamos priorizar a aliança de Deus com o seu povo. Ele toma a iniciativa e Israel a acolhe não como um privilégio, mas como uma missão. Sente-se eleito por Deus entre todos os povos (cf. Dt 4,32-38).

Eleição de Israel

Eleição e aliança andam de mãos dadas. O conceito de eleição está fundado no fato de Deus ter criado o homem e a mulher à sua imagem e semelhança (cf. Gn 1,26) e na consciência de que Israel foi escolhido por ele dentre todas as nações, já desde os primórdios em Abraão, para viver com ele um relacionamento particularizado (cf. Gn 12,2-3). Por isso, Abraão deve andar nos caminhos do Senhor e praticar a justiça (cf. Gn 18,18-19). Essa escolha proporciona a Israel um *status* que o distingue dos outros povos da terra. Tal *status* não está relacionado com privilégios. Deus faz a escolha por amor e pela promessa feita aos patriarcas (cf. Dt 7,7-8), e essa escolha é em vista de uma missão: Israel é chamado a ser testemunha do seu amor pelas criaturas e, sobretudo, a tornar o seu nome conhecido e amado entre as nações. A sua missão é proclamar a unidade e as belezas do Senhor, seu Deus, diante das nações. É possível tornar Deus mais belo? Não, mas é totalmente possível fazer com que, aqueles que ainda não o conhecem, vejam a sua beleza e possam, por isso, amá-lo e entrar na relação de aliança com ele. É nesse sentido que em Cântico dos Cânticos 5,9, numa leitura alegórica, as nações perguntam a Israel: "Que é o teu bem-amado mais que os outros [...]?". E ele responde com uma proclamação da grandeza de Deus: "Meu amado é branco e rosado, saliente entre dez mil. Sua cabeça é ouro puro

[...]" (Ct 5,10-16). Depois de ouvir essa proclamação, as nações perguntam: "Onde anda o teu amado, ó mais bela das mulheres [Israel]? Aonde foi o teu amado? Iremos buscá-lo contigo!" (Ct 6,1). Israel responde: "O meu amado desceu ao seu jardim, aos terrenos das balsameiras, foi pastorear nos jardins e colher açucenas" (Ct 6,2). A este diálogo segue a fórmula da aliança estabelecida entre Deus e o seu povo: "Eu sou do meu amado e o meu amado é meu" (Ct 6,3).

A eleição implica, então, uma responsabilidade muito grande de Israel ante as nações (cf. Gn 12,3; Ex 19,5-6; Dt 4,6-7; Is 49,6) e até mesmo a de sofrer e dar a vida por elas (cf. Is 52, 13-15; 53,1-12).[4]

Nas narrativas bíblicas a aliança de Deus com o seu povo tem as características de um relacionamento entre um homem e uma mulher (duas pessoas que se amam), que prometem fidelidade um ao outro num gesto público, no casamento. Tal visão perpassa todas as Escrituras desde o Pentateuco até o Apocalipse.

---

[4] É bom lembrar que o "servo", para o profeta Isaías, é Israel. Esses textos são relidos pela comunidade cristã à luz da fé em Cristo, e só a partir desse ponto de vista tal servo passa a ser Jesus de Nazaré.

2
A linguagem matrimonial na expressão da aliança entre Deus e o seu povo

A ideia de aliança de Deus com seu povo está ligada a esta promessa: "Voltar-me-ei para vós e vos farei crescer e multiplicar, e confirmarei a minha aliança convosco. Depois de vos terdes alimentado da colheita anterior, tereis ainda de jogar fora a antiga, para dar lugar à nova. Estabelecerei a minha habitação no meio de vós, [...] serei o vosso Deus e vós sereis o meu povo" (Lv 26,9-12). Alguns afirmam que é a partir dessa consciência que Israel começa a desenvolver todo o seu pensamento e estilo de vida, como povo que Deus amou e escolheu para uma relação particular de amor e compromisso mútuo na fidelidade e exclusividade.

Ao percorrer toda a Bíblia, de Gênesis a Apocalipse, vamos nos deparar sempre com a mesma realidade: uma comunidade esposa, consciente de ser escolhida por Deus e também consciente dos compromissos que essa escolha acarreta, da fraqueza que caracteriza a sua humanidade como criatura, mas, sobretudo, consciente de sua missão. Ora, tanto Israel como as Igrejas são portadores da bênção proveniente da aliança com Deus, que é infinitamente fiel e jamais esquece ou abandona os seus eleitos.

Vale dizer que aliança é palavra-chave que engloba todo o relacionamento de Deus com a comunidade de Israel no Primeiro Testamento, e de Cristo com a comunidade cristã no Segundo Testamento. Em toda forma de aliança é preciso que haja duas partes envolvidas no pacto. Quando esse pacto é feito entre dois reis (dois reinos), na maioria das vezes, uma parte, normalmente a mais fraca, busca proteção junto à mais forte. Na relação conjugal, a eleição e o amor são determinantes.

Criação do gênero humano: gesto de amor

Na aliança conjugal existem alguns fatores que a particularizam. Entre eles, poderíamos citar dois que são de fundamental importância: a eleição, ou escolha, e o amor. Mesmo que alguns desses fatores estejam em comum com as demais alianças, como o compromisso de fidelidade mútua entre quem compra e quem vende, entre dois reis etc. A escolha e o amor são essenciais para o matrimônio, o que significa que entre tantas mulheres um homem escolhe uma e vice-versa. Essa escolha do cônjuge é direcionada pelo amor e é feita em vista de um relacionamento singular, de uma intimidade, de uma participação intensa de um na vida do outro. O mesmo pode-se dizer da mulher em relação ao homem e, aí, não se trata propriamente do encontro de duas partes desiguais, podendo assim dar lugar a mais fatores que caracterizam esta última forma de aliança: a igualdade dos componentes ou o equilíbrio, além da eleição e do amor.

É interessante notar que no momento em que Deus apresentou ao homem a mulher que havia tirado da sua costela (*TSeLaH*, em hebraico),[1] ele exclamou: "Desta vez é osso dos

---

[1] O termo *TSeLaH*, em hebraico, tem dois significados: "costela" e "lado". Vamos tomar o significado da palavra "lado" como mais importante aqui, nos permitindo dizer que Deus tira a mulher do lado do homem, extraindo o feminino do masculino. Na realidade, a humanidade criada por Deus se manifesta em masculino e feminino: "homem e mulher ele os criou" (Gn 1,27).

meus ossos e carne da minha carne" (Gn 2,22-23). E o texto acrescenta: "Por isso um homem deixa seu pai e sua mãe, une-se à sua mulher e os dois se tornam uma só carne" (Gn 2,24). Isso é muito interessante porque "osso" (*HeTSeM*[2] em hebraico), além de outros significados, pode significar também "eu próprio". Assim, em vez de ouvirmos o homem dizendo "desta vez é osso dos meus ossos", podemos ouvir "desta vez sou eu próprio".

O que o autor bíblico faz é o que também somos convidados a fazer: tomar essa linguagem humana e revesti-la de um sentido teológico, para estar a serviço da expressão do relacionamento de amor existente entre Deus e o seu povo. E assim, essa linguagem de escolha e união de amor, entre homem e mulher, torna-se uma das imagens mais apropriadas para falar da aliança de Deus com o seu povo, em toda a revelação bíblica. Deus escolhe Israel, como um homem escolhe uma mulher e vice-versa, por amor (cf. Dt 7,7-8), e a relação que se estabelece é comparada com a que existe entre um homem e uma mulher no casamento. Tanto é que a quebra desse pacto, por parte do povo, vai ser considerada como infidelidade e, em certas passagens, mesmo como prostituição (cf. Jr 3,6; Ez 16,26; Os 2,4).

A linguagem esponsal no Pentatêuco

A linguagem nupcial na aliança nasce e evolui dentro da Bíblia, passando da forma implícita para a explícita. O que isso significa? No Pentateuco encontramos somente o uso de um vocabulário que nos permite detectar essa linguagem. Por

---

[2] *HeTSeM*: esta raiz na língua hebraica se refere a tudo o que é estrutura ou estrutural: Osso, como estrutura do corpo; Substantivo, como estrutura da linguagem; Ego (eu), como estrutura psicológica. Como se vê, é esta última que permite o comentário na sequência do texto.

exemplo: em Êxodo 20,5 lemos: "Não te prostrarás diante desses deuses e não os servirás, porque eu, o Senhor teu Deus, sou um Deus ciumento". Ora, o vocábulo "ciúme" faz parte da esfera do matrimônio, porque é o esposo que sente ciúme da esposa quando ela volve o olhar para um outro homem, e vice-versa. Em Números 5,14, a mesma palavra aparece num quadro familiar: "[...] se um espírito de ciúme vier sobre o marido e o tornar ciumento de sua mulher [...]". Nesse contexto de ligação íntima, esponsal, Deus se expressa em relação a seu povo: "Tomar-vos-ei por meu povo, e serei o vosso Deus" (Ex 6,7). Esta é a fórmula do contrato matrimonial: eu serei o teu esposo e tu serás a minha esposa. E a expressão: "Não terás outros deuses diante [além] de mim" (Ex 20,3), corresponde, na esfera do matrimônio, ao que os nubentes (os que vão se casar) dizem um para o outro: não terás outro ou outra, além de mim. Encontramos essa mesma ideia expressa em outros textos da Escritura (cf. Ex 34,14; Dt 5,9 e Js 24,19).

Israel, esposa de Deus, nos profetas

Oseias

O vocábulo esponsal, no Pentateuco, não é tão claro. Ele se torna evidente, explícito, porém, nos profetas. Oseias, nos capítulos 1 e 2, desenvolve uma série de imagens para simbolizar esse relacionamento particularizado que existe entre Deus e Israel. O profeta usa a imagem do próprio casamento com uma mulher infiel, para falar da aliança de Deus com o seu povo, a esposa infiel (cf. Os 1,1-8). Não vamos discutir aqui se o profeta se casou realmente com uma mulher prostituída.[3] Pela leitura

---

[3] Há muitas interpretações sobre esse texto, mas a mais comum e aceita é aquela na qual o profeta usa a imagem da relação conjugal, mulher/homem, para falar da relação de Deus com o seu povo. Há quem afirme que o casamento do profeta com uma

do texto não parece ter sido esse o caso, porque em Oseias 1,2 Deus lhe ordena: "Vai, toma para ti uma mulher que se entregue à prostituição, [...] porque a terra se prostituiu [...] afastando-se do Senhor". O fato é que o profeta relê, nessa "experiência", a infidelidade de Israel para com o seu Deus. Tudo indica que essa narrativa é uma grande alegoria e deve ser lida como tal.

A linguagem da infidelidade conjugal é clara e direta: "Processai a vossa mãe, processai, porque ela não é a minha esposa, e eu não sou o seu esposo. Que ela afaste do seu rosto as suas prostituições e dentre os seus seios os seus adultérios" (Os 2,4). Oseias quer mostrar a infidelidade e o esquecimento da aliança por parte do povo e a fidelidade e misericórdia de Deus para com ele. Esse simbolismo é frequente na Bíblia. O mesmo discurso de Oseias 1,2 é retomado em Oseias 3,1, reforçando a volta, isto é, a conversão.[4]

Jeremias

O profeta Jeremias retorna ao tempo da caminhada do povo no deserto como sendo o tempo da juventude. Tempo do namoro de Israel com o seu Deus: "Vai e grita aos ouvidos de Jerusalém: assim diz o Senhor: eu me lembro, em teu favor, do amor de tua juventude, do carinho do teu tempo de noivado, quando me seguias pelo deserto, por uma terra não cultivada" (Jr 2,2). O profeta quer levar a comunidade a reavivar a afeição que existia outrora na aliança entre Deus

---

prostituta é real e dele tira o exemplo para falar da situação de infidelidade de Israel. Há quem diga, também, que essa prostituta era uma hierodula (prostituta sagrada), o que é bem pior sob o ponto de vista religioso, porque o profeta estaria sendo infiel ao Deus de Israel, casando-se não só com uma prostituta, mas com uma prostituta pagã que prestava culto a outros deuses. Não devemos levar em consideração tais interpretações, e sim olhar o lado alegórico da narrativa.

[4] A palavra "conversão", em hebraico, é *TeSHuVáH*. Na própria palavra já está incluído o conceito de volta: *SHuV*. Portanto, converter-se é voltar para o caminho, o ponto original, cláusulas da aliança.

e ela, sua esposa. Rememorar a afeição e o amor é recordar os tempos de união outrora existentes e que Deus agora quer retomar com o seu povo.

Isaías

O profeta Isaías retoma essa mesma linha de reflexão para lembrar ao povo que os compromissos de aliança com Deus estão sendo esquecidos: "Como um jovem desposa uma virgem, assim te desposará o teu edificador. Como a alegria do noivo pela sua noiva, tal será a alegria que o Senhor teu Deus sentirá em ti" (Is 54,5-10; 62,5).

Ezequiel

Em Ezequiel, retorna a ideia da aliança como iniciativa e ato livre de Deus que abençoa Israel, sua esposa, e a adorna com joias preciosas (cf. Ez 16,9-14). Mas ela é infiel. A quebra da aliança é sempre colocada como infidelidade da esposa. Apesar de toda dedicação por parte de Deus, o esposo, para com a esposa (Israel), esta tem a possibilidade de escolher o seu caminho. Ela escolhe o caminho da infidelidade: "Puseste a tua confiança na tua beleza e, segura de tua fama, te prostituíste" (Ez 16,15). Mas o profeta, mais adiante, consola a comunidade lembrando que Deus é misericordioso e está sempre pronto a perdoar: "Contudo, lembrar-me-ei da aliança que fiz contigo na tua juventude e estabelecerei contigo uma aliança eterna" (Ez 16,60).

A linguagem nupcial, usada por Ezequiel, apresenta uma evolução na expressão da aliança nos profetas que pouco a pouco vai adquirindo uma coloração escatológica.[5] Embora

---

[5] Refere-se ao fim dos tempos. Ver nota n.1 do capítulo 3.

nem sempre o povo seja fiel ao prometido, Deus selará com ele uma aliança eterna. Isaías estende a aliança de Deus com toda a humanidade. Deus será o noivo e a humanidade a noiva; o tempo do seu matrimônio será selado com a vinda do Messias (cf. Is 62,4-5.10-12).

A linguagem nupcial no Cântico dos Cânticos

Os poemas do Cântico dos Cânticos são a expressão máxima da relação de amor entre Deus e Israel, desde que eles sejam lidos de forma alegórica, ou seja, o Amado sendo compreendido como Deus e a Amada, como a comunidade dos filhos de Israel. É por essa razão que tais textos são lidos na festa mais importante das comunidades judaicas, a Páscoa. Assim, os oito capítulos desse livro são um verdadeiro poema de amor que canta a aliança de Deus com Israel figurada no relacionamento amoroso entre dois jovens nubentes. Esses jovens amantes buscam-se um ao outro constantemente, como Israel e seu Deus se buscam: "Eu dormia, mas meu coração velava e ouvi o meu amado que batia [...]. Ponho-me de pé para abrir ao meu amado [...]. Abro ao meu amado mas ele se foi [...]" (Ct 5,2.5.6). A fórmula e o vocabulário usados são de aliança e de matrimônio: "O meu amado é meu e eu sou dele" (cf. Ct 6,3), exatamente igual à fórmula da aliança: "[...] Serei o vosso Deus e vós sereis o meu povo" (Lv 26,12). A imagem usada é a de proteção e de ternura: "Sua mão esquerda está sob minha cabeça, e com a direita me abraça" ou "Quem é essa que sobe do deserto apoiada em seu amado?" (Ct 8,3.5). Essa expressão nos faz lembrar a peregrinação de Israel pelo deserto e nos remete a Ezequiel 16, que já mencionamos; lido de forma alegórica, o livro do Cântico é uma retomada de toda a história de amor que se desenvolve entre Israel e Deus, narrada nas Escrituras.

É necessário notar como essas imagens e linguagem, que são normais, corriqueiras no meio social, se revestem de outra dimensão para estar a serviço da proclamação do amor mútuo que existe entre Deus e seus eleitos.

3
A linguagem matrimonial no Segundo Testamento

No Segundo Testamento, muitos textos retomam a linguagem matrimonial, para expressar a aliança de Deus com o povo. Aí essa aliança é selada por meio de Jesus, sempre apresentado, no sentido alegórico, como esposo. Vamos, na sequência, trabalhar com alguns textos que achamos mais significativos nas cartas paulinas e nos evangelhos.

Nos escritos paulinos

Em Paulo vamos encontrar a mesma realidade expressa no Primeiro Testamento, no que tange à linguagem da aliança. João e demais escritores do Segundo Testamento retomam depois o mesmo vocabulário. Para ele (Paulo) a esposa de Cristo é a Igreja, com quem se casou, e por meio dela comunica sua própria santidade e é modelo para todos os membros da comunidade:

> E vós, maridos, amai as vossas mulheres, como Cristo amou a Igreja e se entregou por ela, a fim de purificá-la com o banho da água e santificá-la pela Palavra, para apresentar a si mesmo à Igreja, gloriosa, sem mancha nem ruga, [...] mas santa e irrepreensível. Assim também os maridos devem amar as suas mulheres, como a seus próprios corpos. Quem ama a sua mulher ama a si mesmo, pois ninguém jamais quis mal

à sua própria carne,[1] antes a alimenta e dela cuida, como faz Cristo com a Igreja, porque somos membros do seu Corpo. Por isso, deixará o homem seu pai e sua mãe para se ligar à sua mulher, e serão ambos uma só carne. Em resumo, cada um de vós ame a sua mulher como a si mesmo e a mulher respeite o seu marido (Ef 5,25-32).

Nesse texto podem-se evidenciar dois pontos importantes:

a) Cristo, o esposo, santifica a Igreja;

b) faz com ela uma só realidade.

Daí Paulo desenvolve a imagem do corpo aplicada à Igreja para definir a profunda união que liga os seus membros a Jesus (cf. Rm 12,4-6; Cor 12,12-26). Essa relação de Cristo com sua Igreja é vista como um matrimônio que se inicia com a encarnação, na qual ele assumiu a nossa humanidade, redimiu-a no Calvário, desposou-se[2] com a "Igreja" e a perpetua no céu.

Podemos fazer uma comparação do texto de Efésios (5, 21-32) com o texto de Ezequiel 16, já visto, no qual os ornamentos dos quais fala o profeta não eram somente exteriores. A Deus não interessa a exterioridade, por isso ele prepara a sua esposa interiormente. Em Efésios, é dessa santidade interior que cita Paulo quando diz que Cristo amou a Igreja como a uma esposa.

A santidade que a Igreja recebe, como esposa, é a mesma de Cristo; como a santidade de Israel é a mesma do Senhor, seu Deus. É claro que a Igreja não é esposa de Cristo, segundo a comparação de Paulo, da mesma forma que a mulher é esposa do seu marido; mas no sentido espiritual (alegórico) que ela se torna uma só realidade com ele, o seu esposo. Assim podemos

---

[1] O apóstolo está relendo os textos do livro do Gênesis já citados (Gn 1,26-28; 2,7).

[2] Aí a Igreja nasce do lado de Cristo (cf. Jo 19,34), como a mulher nasce do lado do homem (cf. Gn 2,21-22). Cf. também a nota n. 4 do capítulo 1.

dizer que a Igreja não é somente santificada por Cristo, mas incorporada a ele. Dessa forma, a esposa é a natureza humana que Cristo assumiu na encarnação (matrimônio) e a elevou. Para muitos autores, a base dessa interpretação está em Isaías 62,1-5, bem como no Salmo 19,6: "Ele [o Sol] sai qual esposo da sua alcova, como alegre herói, percorrendo o caminho". Para outros, ainda, essa relação entre Cristo e sua Igreja não é tão clara. Então, como Israel é diferente em relação ao Senhor, seu Deus, por ser criatura, a Igreja também é diferente de Cristo. Ela não é somente diferente dele por ser criatura, mas porque dentro dela há a tendência natural de se separar dele, de cometer infidelidades até o fim dos tempos, como Israel. Paulo descreve magistralmente essa tendência natural, pela sua fragilidade interior, em sua carta aos Romanos (cf. Rm 7,14-25).

Paulo faz uso do mesmo vocabulário matrimonial normal e corriqueiro da esfera do relacionamento humano. Ele parte para a pregação do Evangelho aos gentios, com a intenção clara de despertar ciúme[3] na comunidade de Israel. Isso porque ele considera a relação que existe entre Deus e a comunidade de Israel, entre Cristo e a comunidade cristã, como um casamento (cf. Rm 10,19; 11,11-15). Esse mesmo ciúme e a relação matrimonial aparecem em 2 Coríntios 11,2: "Experimento por vós um zelo [ciúme] semelhante ao de Deus. Desposei-vos a um esposo único, a Cristo, a quem devo apresentar-vos como virgem pura". A comunidade cristã é apresentada como a noiva de Cristo também nos evangelhos. Vejamos a seguir.

---

[3] Cf. Ex 20,5; Números 5,14, quanto ao ciúme do cônjuge, e Deuteronômio 32,21, quanto ao ciúme de Deus: "Eu vos provocarei ciúme com um povo que não é meu povo".

Nos Evangelhos

A grande experiência da comunidade cristã é ver as promessas de Deus feitas nas Escrituras se cumprirem em Cristo. Uma vez vivida essa experiência, é hora de contá-la e recontá-la para os que vão integrando o grupo e para os de fora, em uma perspectiva de expansão missionária. Ela começa pela tradição oral, como é próprio do povo de Israel, e só depois essa mensagem é escrita. A necessidade de escrever vem de encontro a duas dimensões essenciais da comunidade de fé. A primeira é litúrgica e a segunda, catequética. Ora, é na liturgia que a experiência de fé mantém-se viva e faz viver os membros do grupo. A catequese tem a função de orientar o grupo e solidificá-lo numa base doutrinal. Ela une os de dentro e prepara os de fora para um eventual ingresso no grupo a fim de expandi-lo.

Assim nascem os textos do Segundo Testamento. Textos diversos porque são provenientes de comunidades diversas. Por trás de um texto bíblico temos uma comunidade contando a sua experiência de Deus. Como a experiência de fé da comunidade cristã está estritamente ligada ao Primeiro Testamento, ela aparece, agora, como uma releitura, passo a passo, das Escrituras à luz da encarnação, vida, morte e ressurreição de Cristo. Pois bem, assim como a relação de aliança entre Deus e o povo de Israel já era vista como um casamento, também a relação entre Jesus e o grupo que fez a experiência de sua messianidade vai ser vista nessa mesma perspectiva. Desta forma, o matrimônio, que no Primeiro Testamento é usado simbolicamente para falar da aliança entre Deus e o seu povo eleito (Israel), cumpre a mesma função no Segundo no que concerne a Cristo e sua Igreja. Se para Isaías Deus é o esposo e a humanidade é a esposa e o tempo das núpcias seria o da vinda do Messias (cf. Is 62,1-12), bem como para Ezequiel (16) e outros, que falam das núpcias para expressar essa realidade, no Segundo Testamento tal simbolismo é retomado e não parece, de nenhuma forma, estranho que Cristo tenha vindo para celebrar um matrimônio com a sua noiva, a Igreja.

"Quem tem a esposa é o esposo" (Jo 3,29)

O vocabulário é claro e evidente. Cristo é o esposo que não se sabe quando virá. Ele é o esposo e a comunidade, a esposa. "O Reino dos Céus [é] semelhante a dez virgens que, tomando suas lâmpadas, saíram ao encontro do noivo" (Mt 25,1-13). Cristo é o esposo não somente de maneira individual, mas coletiva. Ele é o esposo da humanidade que ele assumiu com a sua encarnação, para redimi-la com seu sangue. Em outra passagem do mesmo evangelho, lemos: "O Reino dos Céus é semelhante a um rei que celebrou as núpcias do seu filho" (Mt 22,1-14); e João Batista, quando interrogado se ele era o Messias, respondeu: "Quem tem a esposa é o esposo" (Jo 3,29), o que significa que essa era uma linguagem corrente nas comunidades cristãs primitivas e que a consciência da sua relação com Cristo, na forma de um matrimônio, estava fortemente presente.

O simbolismo de Caná

No início do evangelho de João, há um texto de beleza extraordinária, cuja simbologia é de uma riqueza incomensurável. Trata-se das bodas em Caná da Galileia. Essa é, sem dúvida, uma das páginas mais belas que os primeiros cristãos nos legaram. O estudo de tal texto requer de nós exercício mais acurado e um pouco de conhecimento dos costumes relacionados ao matrimônio em Israel. Para isso propomos uma leitura com base na simbologia que se faz presente no texto.

O dote

O primeiro ponto a ser considerado é que, no antigo Israel, para o noivo receber a noiva e levá-la para a casa do pai ou sua casa, devia deixar para o sogro uma certa quantia em dinheiro ou outros bens como penhor. A isto se dá o nome de dote. E o verbo usado para esse gesto é, em hebraico, *KaNáH*, que quer dizer "comprar", "adquirir".[4] Há os que compreendem e interpretam o dote de forma equivocada, e para eles é como se a mulher fosse comprada pelo homem, como um objeto do qual ele pode fazer o que bem entender. Não concordamos com tal visão, embora o verbo hebraico usado para indicar o dote seja *KaNáH*. O que ocorre é que o dote, na cultura de Israel, representava a segurança da mulher em caso de um eventual repúdio. Se o contrato matrimonial viesse a ser desfeito, ela teria algo garantido para sua sobrevivência.

Essa era uma norma estabelecida para proteger a mulher que entrava em relacionamento de aliança (matrimônio). E é precisamente por essa razão que João narra que Jesus vai a uma festa de casamento, cujo lugar se chama Caná (*KaNáH*). Isso não pode ser coincidência ou acaso. O evangelista constrói uma alegoria para falar da aliança (casamento) de Jesus com a comunidade dos seus discípulos. Ora, o povo de Israel tinha consciência de ser o povo que o Senhor, seu Deus, comprou no Sinai, quando fez com ele a aliança (matrimônio).

Água e vinho

Há outros termos simbólicos que figuram no texto das bodas em Caná da Galileia, como: o vinho, as talhas de pedra, a água e o noivo. Vinho e água são dois símbolos fortes para a *ToRáH*, Palavra de Deus dada no Sinai. O vinho é símbolo

---

[4] Nas Escrituras, este é o verbo usado para falar da aliança de Deus com Israel no monte Sinai: "Se guardardes minha aliança, sereis para mim uma propriedade peculiar entre os povos, porque toda a terra é minha" (Ex 19,5); e em sentido análogo: "Pois tu és um povo consagrado ao Senhor teu Deus; foi a ti que o Senhor teu Deus escolheu para que pertenças a ele como seu povo próprio, dentre todos os povos que existem sobre a face da terra" (Dt 7,6; 14,2).

da Palavra de Deus na cultura judaica, porque alegra e nos transporta de um estado de espírito para outro. É bálsamo que cura a ferida, assim como a *ToRáH* é fonte de alegria e bálsamo para o coração. A água, por razões ainda mais fortes, é símbolo da Palavra de Deus: ambas vêm do céu. A água tudo lava e purifica. Fecunda a terra e faz germinar as sementes. Assim, a *ToRáH* lava o coração e faz germinar a vida de Deus. Esse é o efeito da Palavra no coração daqueles e daquelas que a ouvem. Se, em vez de dizermos "talhas de pedra", mudássemos um pouquinho e disséssemos "tábuas de pedra", o nosso olhar já se voltaria imediatamente para o Sinai e veríamos as tábuas da *ToRáH*. O noivo é aquele que tem a noiva e, pelo que tudo indica, é o próprio Jesus, porque é para ele e para o que faz que os holofotes são direcionados no texto. Tanto assim que a noiva não aparece no casamento, mas só o noivo, Jesus. A noiva vai se formando aos poucos por aqueles que aderem à pessoa e ao projeto de Jesus. É a comunidade cristã (esposa) que acredita e adere a Jesus (o esposo) da aliança. Podemos dar agora um segundo passo, retomando toda essa simbologia dentro do contexto da Palavra. Para os evangelistas, e principalmente para João, em Jesus o universo é recriado pela Palavra: "No princípio era o Verbo [...]" (Jo 1,1). Jesus é o Verbo, a Palavra de Deus que se encarna. Ora, na Bíblia, essa Palavra se faz visível no Sinai, aparecendo escrita nas tábuas de pedra. Assim, podemos ler esse texto dentro de tal ótica, considerando água e vinho como símbolos da Palavra, da *ToRáH* dada no Sinai, escrita em tábuas de pedra. Por isso, João faz questão de dizer que essa água estava em talhas de pedra e foi transformada por Jesus em vinho, que será bebido e, consequentemente, terá efeito nos que o tomarem. A água que está nas talhas de pedra representa a *ToRáH* dada no Sinai. O vinho, que antes era água, também simboliza a *ToRáH* e a nova maneira da Palavra de Deus se apresentar: encarnada. Ela, agora, é Jesus de Nazaré. Tanto isso é verdadeiro que em outra passagem lemos "ninguém põe vinho novo em odres velhos [...]" (Lc 5,37-39).

Proclamação da messianidade de Jesus

O texto das bodas de Caná é acima de tudo proclamativo do mistério da encarnação, da messianidade e divindade de Jesus. Por isso, não podemos lê-lo de forma literal, com o olhar fixo num casamento que se deu num lugar chamado Caná, e no fato de Jesus ter transformado, milagrosamente, água em vinho. Aqui basta lembrar que João começa dizendo que esse casamento acontece no terceiro dia (cf. Jo 2,1). O que nos leva a compreender que ele está falando, de forma alegórica, do terceiro dia da ressurreição, no qual a comunidade dos discípulos de Jesus abre os olhos e vê clara a sua aliança com Cristo. Quanto à frase: "e a mãe de Jesus estava lá" (Jo 2,1) e o fato de Jesus chamá-la de "mulher" (cf. Jo 2,4), reporta-nos aos Padres da Igreja que já interpretavam a "mulher" do Apocalipse (cf. Ap 12) como a comunidade cristã que após a ressurreição gera Jesus pela catequese, pela liturgia (eucaristia). Temos de ir muito além do que o texto mostra. Sua mensagem extrapola as imagens usadas. Uma leitura alegórica dessas imagens nos ajuda a compreender o sentido escondido.

O evangelista trabalha realmente num contexto da *ToRáH*. Isso se torna claro quando olhamos os termos usados na construção da narrativa: Caná, casamento, noivo, água, vinho, talhas de pedra etc. Nesse sentido a frase que o evangelista coloca nos lábios de Maria: "Fazei tudo o que ele vos disser" (Jo 2,5) retoma a narrativa sobre José no Egito.[5] Essa

---

[5] O evangelista João procede segundo o método judaico de interpretação das Escrituras, *GueZaRaH SH^{a}V^{a}H*, que consiste em fazer uso dos versículos das Escrituras levando em consideração a analogia que existe entre eles tanto do ponto de vista do conteúdo quanto do aspecto linguístico. O importante é que os versículos sejam harmonizados e estejam a serviço da mensagem que o comentador quer passar. Cf. também 1 Reis 17,13.

frase é dita pelo faraó aos egípcios: "Ide a José e fazei o que ele vos disser" (Gn 41,55). Neste momento temos de formular da maneira seguinte: assim como José, que é o abençoado de Deus, foi salvação para todo o Egito e a casa de Israel, aqui está alguém (Jesus) que é a salvação, não só para Israel, mas para toda a humanidade.

É importante notar também que, nessa mesma perspectiva, o texto que precede a narrativa das bodas de Caná ilumina e confirma a leitura que dele fizemos (cf. Jo 2,45-51). Nele, Jesus diz a Natanael: "Eis um verdadeiro israelita em quem não há fraude". Para o israelita, só não há fraude em quem medita e vive da *ToRáH*. Ele é, portanto, um justo. Quando, porém, Natanael pergunta "de onde me conheces?", a resposta é: "Te vi quando estavas sob a figueira". Ora, a figueira é uma árvore sagrada sob a qual se tinha o hábito de estudar a *ToRáH*, principalmente após o trabalho no campo. "Verás ainda coisas maiores que estas." O que isso significa? Significa reconhecer em Jesus a Palavra encarnada, a *ToRáH*. Só falta para Natanael dar esse passo, porque a *ToRáH* do Sinai ele já a conhece e a vive. Essa narrativa do encontro de Jesus com Natanael precede a narrativa das bodas em Caná. Ela deve ser lida aqui nessa mesma perspectiva, realçando a relação de Jesus com a comunidade dos seus discípulos e das suas discípulas, como uma relação esponsal. Tanto é que se diz: "E manifestou a sua glória e seus discípulos creram nele" (Jo 2,11).

"Não sou digno de tirar-lhe as sandálias"

Outra passagem que vale a pena mencionar está em João 1,27, com um paralelo em Mateus 3,11: "Eu não sou digno nem ao menos de tirar-lhe as sandálias". Também aí temos uma ligação muito forte com a aliança e o vocabulário está ligado ao matrimônio. Para compreender essa expressão é preciso ler o livro de Rute a fim de inteirar-nos da lei do Levirato. Tal lei consiste no fato de que um homem casado, ao morrer sem deixar filhos, transmite para seu irmão ou parente mais próximo a obrigação legal de desposar a viúva, para dar ao falecido uma descendência e livrar a mulher do opróbrio de não ter tido filhos. Quem cumpre esse papel é chamado de *go'él*, que quer dizer o resgatador, o redentor, o libertador ou o salvador. Esses vocábulos são todos sinônimos. De forma que redimir ou resgatar significa, principalmente, devolver a alguém a dignidade perdida. É preciso também dizer que o *go'él* deve trazer e apresentar publicamente um sinal visível do seu compromisso. E esse sinal é a sandália. Assim sendo, quando o evangelista apresenta João dizendo sobre Jesus: "Eu não sou digno nem ao menos de tirar-lhe as sandálias", é mais do que um gesto de humildade de João diante de Jesus. João está proclamando que é ele o nosso *go'él*. É ele quem tem o direito de resgate sobre nós. É ele o nosso redentor e libertador, porque é ele, e não outro, que traz a sandália que é, culturalmente falando, o sinal visível, o sacramento do resgate ao preço do seu próprio sangue, como veremos mais adiante.

A alegoria dos cinco maridos

Nos evangelhos temos ainda uma série de textos que fazem menção às núpcias de Cristo com a comunidade. Como, por exemplo, em Mateus 9,15. "Por acaso podem os amigos do noivo estar de luto, enquanto o noivo está com eles?". E em João, além das bodas de Caná, que já vimos, pode-se mencionar também, no capítulo 4, o diálogo de Jesus com a samaritana: "Vai e chama o teu marido" (v. 16). Ora, marido em hebraico é *Ba'aL*, que pode significar senhor, marido e ídolo. Assim sendo, se João está se referindo aos deuses dos samaritanos quando profere o termo marido – e provavelmente sim, porque a mulher responde "não tenho marido" (v. 17) e Jesus replica: "Falaste bem, porque já tiveste cinco e o que tens agora não é teu" –, ele está falando de divindades, e não da relação normal entre um homem e uma mulher, porque logo em seguida, no versículo 19, a samaritana pergunta sobre o verdadeiro lugar de adoração a Deus. Então percebemos que, também esse texto, tem a função de proclamar a divindade de Jesus e, numa perspectiva da relação de aliança, é como se Jesus dissesse à samaritana: "Vocês já buscaram e tiveram vários senhores (maridos), mas agora diante de ti está o verdadeiro Senhor (esposo) a quem tu prestarás um culto verdadeiro, independentemente do lugar geográfico onde tu te encontras".[6] Onde houver um coração batendo em consonância com essa experiência de aliança (matrimônio), aí se celebrará o verdadeiro culto. Esse culto, o verdadeiro, nasce, como estamos vendo, da aliança (casamento) de Cristo com a sua noiva, que é a comunidade dos discípulos e das discípulas. É também nesse sentido que o livro do Apocalipse apresenta as núpcias do Cordeiro no fim da história, como veremos a seguir.

No Apocalipse, o fim da história

A expressão "fim da história" está ligada à concepção de "tempos vindouros" ou futuros e, é claro, ligada também a toda questão messiânica, porque, na tradição bíblica, a vinda do messias precederá o tempo escatológico.[7] No que diz respeito

---

[6] Outra imagem alegórica bastante utilizada para expressar a mesma realidade é a da videira: "Eu sou a videira e vós os ramos" (Jo 15,5). É bastante próximo também do corpo místico de Paulo, segundo o qual, Cristo com todos os fiéis formam um só corpo, do qual a cabeça é o próprio Cristo.

[7] Por tempo escatológico entende-se o tempo que não passa, em que não existirá mais a contagem que é própria do tempo cronológico, no qual o universo, como criação de Deus, e nós, como suas criaturas, existimos e nos movemos. Pode-se dizer que o tempo cronológico é consequência da criação do universo e do seu movimento. Sendo assim, ele desaparecerá quando o criador concluir a sua obra e nos introduzir no tempo que não passa, na eternidade.

a esses tempos vindouros, está escrito: "Vi descer do céu, de junto de Deus, a Cidade santa, uma Jerusalém nova, pronta como uma esposa que se enfeitou para seu marido" (Ap 21,2).

Sabe-se que o Apocalipse foi escrito numa época em que as comunidades cristãs estavam passando por sofrimentos muito intensos, perseguições e crises sem conta. Por isso, o texto é repleto de imagens de combate e de um certo terror. Todo esse aparato de imagens e a forma de escrever fazem parte da literatura apocalíptica que se desenvolveu, sobretudo, no período posterior ao exílio da Babilônia. Essa literatura está em consonância com a vida do povo, que passa por situações catastróficas e acredita e espera que Deus possa trazer de novo um libertador, segundo suas promessas. É aí que começa a aparecer, na tradição de Israel, a crença de que Deus concluirá a sua criação e que o fim dos tempos virá e com ele a era da paz. Por isso, é bom lembrar que o fim de um tempo é sempre o início de outro. Fim de um tempo de catástrofes e início de outro de bonança, fim da confusão, início da clareza, fim da guerra, início da paz e assim por diante. O que encontramos nesses textos são experiências brotadas do mais profundo sofrimento de grupos inteiros que, apesar das dificuldades, da angústia e do medo, alimentam uma esperança histórica alicerçada na fé em Deus. Essa fé gera a esperança em dias melhores. Se ele foi fiel a nós, em tantos momentos de dificuldade no passado, é porque vai ser fiel também neste, onde tudo parece escuro e sem saída. São narrativas com uma ironia clara, em que o opressor, como em todas as Escrituras, é ridicularizado e os perseguidos, exaltados.

É nessa perspectiva que o livro do Apocalipse nos apresenta as núpcias do Cordeiro no fim da história (cf. Ap 21–22). O que não se pode perder de vista é o fio condutor da narrativa bíblica que começa no início do Gênesis, desenvolve-se ao longo das Escrituras e nos conduz até aí, no livro do Apocalipse. É o mesmo Deus que cria, sustenta, orienta e mantém a sua criação; que nos assiste neste momento. É nele, revelado no passado, que está hoje a nossa confiança e esperança.[8]

Assim como em tantas outras situações de morte ele pôs em nossos lábios um canto de alegria e de vitória, também agora, diante dos nossos olhos, ele põe uma visão nova, faz novas todas as coisas e nos dá um canto novo. Pode-se até retomar as palavras do profeta: "Acontecerá, naquele dia – oráculo do Senhor –, que me chamarás 'meu marido' e não mais me chamarás 'meu Baal'" (Os 2,18); ou ainda: "Já não te chamarão 'abandonada' [...]. Antes, será chamada 'meu prazer está nela', e tua terra, 'desposada'. Com efeito, o Senhor terá prazer em ti e se desposará com a tua terra. Como um jovem desposa uma virgem, assim te desposará o teu edificador. Como a alegria do noivo pela sua noiva, tal será a alegria que o teu Deus sentirá em ti" (Is 62,4-5).

Depois de passearmos por toda a Bíblia, olhando os textos mais significativos no tocante à linguagem matrimonial na expressão da aliança, examinaremos neste momento os principais textos do Primeiro e do Segundo Testamento, nos quais são concluídas alianças não somente numa perspectiva matrimonial, mas de pactos. Elas englobam personagens centrais da história de Israel: Noé, Abraão, Isaac, Jacó, Moisés, Davi, os profetas e Jesus Cristo.

---

[8] Compare com Salmo 111,4-5; 112.

4
As principais alianças na Bíblia

Já mencionamos que aliança e eleição andam de mãos dadas. De fato, embora a eleição venha em primeiro lugar, ela não existe independente da aliança. Primeiro Deus elege Israel, para depois fazer com ele um pacto sagrado de compromissos mútuos.

A aliança com Noé (Gn 9,7-17)

A aliança é um ato gratuito por parte de Deus, que nos ama de forma incondicional, e nessa perspectiva podemos dizer que a primeira aliança que ele faz conosco é a criação. Ela é a primeira manifestação desse amor sem limites de Deus para conosco e todo o universo, criando um berço maravilhoso para acolher todo ser vivente. No decorrer de toda a história do povo de Israel, porém, sempre houve a consciência de que Deus se preocupa com tudo o que criou, de modo especial com o ser humano, e que estabelece com ele uma relação pessoal. Tal relação se estabelece como que partindo do geral para o particular. Da humanidade criada, Deus escolhe um povo, Israel; desse povo ele escolhe patriarcas, reis, profetas, sacerdotes e o Messias. Ele criou todo o universo, com tudo o que ele contém. Dentro dele escolheu uma terra, a terra de Israel, na qual se encontra a Cidade Santa, Jerusalém, e nela o Templo, onde o Senhor fez a sua morada, o Santo dos Santos. É assim que judeus e cristãos compreendem a sua relação com Deus e com o mundo que os rodeia.

Deus não abandona os seus eleitos

Antes desse texto mencionado anteriormente (cf. Gn 9, 7-17), há outro bastante significativo: "Mas estabelecerei minha aliança contigo e entrarás na arca, tu e teus filhos, tua mulher e as mulheres de teus filhos contigo" (Gn 6,18). É a primeira vez que se fala de aliança na Bíblia. Esse anúncio de um futuro pacto de Noé com Deus é considerado a aliança pré-diluviana. Assim, essa passagem nos orienta na compreensão da evolução das outras alianças que se seguem na narrativa bíblica.

Após os relatos da criação, encontramos o segundo texto que fala de aliança no livro do Gênesis (9,7-17). Antes mesmo dessa narrativa, Noé é apresentado de forma muito positiva na tradição bíblica (cf. Gn 5,28-29). Ele é fonte de bênção para a humanidade, pois vem amenizar a maldição do solo, garantir e possibilitar a vida. O nome Noé em hebraico é *NoaH*, que quer dizer "agradável" e tem origem no radical *NaHaM*, que significa "consolar". É por isso que o texto diz que ele se chamará Noé, porque nos trará consolação.

A narrativa da aliança de Deus com Noé (cf. Gn 9,1-17) é uma releitura dos textos da criação. Vamos observar alguns aspectos importantes que são retomados de Gênesis 1,26-28: a bênção da fecundidade da humanidade, o dom da multiplicação e o domínio da obra da criação, a criação do homem e da mulher à imagem e semelhança de Deus (cf. Gn 9,1-7). Esse aspecto é importante para nos introduzir numa ótica de leitura das Escrituras levando sempre em consideração a continuidade. Assim, é importante notar que a narrativa bíblica não nos deixa esquecer que Deus jamais abandona os seus eleitos. Quando uma porta se fecha, outra se abre com novos horizontes. É o caso da figura de Noé. Ele é a ponte entre um mundo que deveria ser destruído e outro que aponta para o futuro. Ele representa a possibilidade de uma emenda, de vida nova para o grupo sobrevivente do dilúvio universal. Em Noé e sua família, Deus garante à humanidade a continuidade da vida e exige a observância dos seus mandamentos. Mas é importante observar também que essa aliança de Deus com Noé e seus filhos ainda não faz desse grupo um povo de Deus particularizado entre os outros povos, mas garante somente à população da terra uma misericordiosa conservação.

O efêmero a serviço do eterno

Vamos destacar alguns pontos que caracterizam uma aliança fundamentada em elementos passageiros e refletem realidades permanentes, eternas. Para melhor compreensão de Gênesis 9,1-17, vamos classificar esses elementos em tópicos:

a) É um pacto eterno. Não é estabelecido somente com Noé, mas com toda a sua descendência (cf. Gn 9,8-9).

b) É uma aliança com toda a criação (v. 10).

c) É um pacto fundamentado numa promessa da parte de Deus: "Tudo o que existe não mais será destruído pelas águas do dilúvio" (v. 11).

d) É estabelecido um sinal visível, o arco-íris, para que ambas as partes envolvidas (Deus e Noé) possam se lembrar do compromisso em favor da vida (vv. 12-17).

Seria bom considerar um paradoxo que se faz presente aí: o duradouro se dá na repetição do que é efêmero. Noé é passageiro, bem como cada indivíduo membro de sua descendência. Todos os elementos que formam o sinal (arco-íris) também são efêmeros: a nuvem, a água, a luz do sol, o próprio sol e assim por diante. O extraordinário e, ao mesmo tempo, paradoxal é que Deus, por meio do escritor sagrado, utiliza tudo o que é passageiro para expressar uma realidade perene: o seu amor.

Assim, compreendemos que Noé se faz presente onde estiver um descendente seu, não importa a época e o lugar. Cada vez que houver nuvem, sol, chuva e, consequentemente, o arco-íris aparecer, a aliança com Deus será lembrada. Mais ainda, no que concerne ao arco-íris, onde houver olhos para vê-lo e um coração para senti-lo conscientemente, a aliança de Deus será lembrada. Então, hoje quando olhamos o arco-íris, com a certeza de sermos um filho ou filha dessa aliança, é como se o próprio Noé nos estivesse olhando. Tornamo-nos assim "consolados", sujeitos de continuidade. Conforme já vimos, é este o significado do nome de Noé. Tal aliança é selada por meio da mediação de Noé com a humanidade, com todos os povos da terra. Essa pluralidade de raças, cores, culturas, línguas e religiões dos diversos povos pode-se dizer que está representada na pluralidade de cores do arco-íris. Esse dado nos coloca em consonância com o texto que estudaremos na sequência, em que os filhos de Abraão são como as estrelas do céu.

A aliança com Abraão (Gn 15,1-20; 17,1-14.23-27)

No início deste volume, já mencionamos o caráter social e político dos pactos. Na antiguidade eram feitos entre os reis ou simplesmente entre os cidadãos comuns, no interior da sociedade. Esse tipo de pacto é revestido de valor sagrado pelo escritor bíblico, para estar a serviço da revelação na Bíblia. O fato é que temos agora, diante de nossos olhos, um texto típico, e nos interessa tanto sua construção quanto sua teologia.

O primeiro homem com quem Deus fez uma aliança fundamentada nos parâmetros culturais de sua sociedade foi Abraão.[1]

---

[1] Em Gn 17,5, acontece uma mudança de nome: "Abrão" passa a se chamar "Abraão". E o próprio texto explica que é porque ele será pai de uma multidão. O que se nota, do ponto de vista linguístico, é uma consonância existente entre os vocábulos *AVRaM* (Abrão) e *AVRaHaM* (Abraão). Assim poderemos separar *AV* = pai e *HaMoN* = multidão. Vemos que o autor está trabalhando com essa consonância.

Também aí temos uma aliança de forma indireta com toda a humanidade. É bom lembrar que essa aliança se apresenta sob a dupla exigência da fé e da circuncisão. A primeira é interior: a fé. A segunda é exterior: a circuncisão. Abraão é cumulado de bênçãos e, em consequência disso, não só a sua descendência, mas todas as nações da terra serão abençoadas nele (cf. Gn 12,2-3). A bênção não é restrita ao abençoado, e aonde quer que ele vá, tudo e todos que entram em contato com ele participam da mesma bênção.[2] É importante frisar que, a partir da aliança com Abraão, começa a delinear o vulto, a ideia de um povo eleito em promessas que se cumprirão no êxodo.

Abraão, pai dos povos

Abraão havia recebido de Deus a promessa de uma numerosa descendência: "Eu farei de ti um grande povo, eu te abençoarei [...]" (Gn 12,2). Ele foi submetido à prova e as promessas tardam a se realizar. Elas são então renovadas e seladas por uma aliança: "Não temas, Abrão! Eu sou o teu escudo, tua recompensa será muito grande". Mas Abrão perguntou a Deus: "Que me darás? Continuo sem filho [...]". A tradução literal do texto hebraico é: "Eu me vou sem filhos". É uma expressão muito típica do hebraico para dizer "estou morrendo". Abraão percebe a sua existência como qualquer coisa vã, fugaz. Essa é a crise na qual ele se encontra: sente a morte se aproximar e, acima de tudo, não possui filhos, porque um filho prolonga, no tempo e no espaço, a vida do pai. Abraão questiona Deus: "O que tu me dás, se eu estou morrendo sem filhos?". O problema

---

[2] Quando Abraão se separa de Lot, seu sobrinho, ele lhe diz: "Se tomares a esquerda irei para a direita; se tomares a direita irei para a esquerda" (Gn 13,8b). Lot escolheu a planície irrigada de Jericó. A Abraão coube o deserto. Daí compreendemos que a força da bênção que o acompanha pode transformar o deserto em terra fértil. É o que cantamos há algum tempo atrás na Campanha da Fraternidade: "E o deserto vai florir e se alegrar, da terra seca flores, frutos vão brotar".

da falta de descendência é retomado também em Jeremias 22,30. Em ambos os textos a incapacidade de ter filhos indica a impossibilidade total de exercer a autoridade de Deus junto ao povo. Por isso, a promessa da descendência é mediada pela promessa de um rei (cf. Gn 17,6). Se Abraão não tivesse tido um filho, não haveria descendentes para um dia ocupar o trono. Por isso, a promessa da descendência indica a realização da promessa da terra, com a ocupação da terra, e estabilidade com a ocupação do trono. Abraão em crise diante dos fatos que desmentem a promessa, não se pode apoiar em nada de externo: "Não será esse o teu herdeiro, mas alguém saído de teu sangue" (Gn 15,4). O autor não mostra Deus explicando sua palavra, apenas a mantendo. Ele conduziu Abraão para fora. Simbolicamente, Abraão é conduzido para fora de si mesmo, fora dos próprios raciocínios, fora da própria crise para ser colocado em contato com o transcendente, simbolizado aqui pelo céu e pelas estrelas. Depois que Deus o conduziu para fora de si mesmo, convidou-o: "Ergue os olhos para o céu e conta as estrelas, se as podes contar [...]" (Gn 15,5). O sinal apela para a fé de Abraão, mas não a substitui nem mesmo a fundamenta. Ele apenas indica que a descendência será numerosa. A única segurança que Abraão tem é a palavra de Deus calando no seu íntimo. Para que essa promessa de Deus se realize, é preciso que Abraão saia de si mesmo e se deixe conduzir por Deus. Só então entra numa dimensão de acolhimento da aliança de Deus e acredita (cf. Gn 15,6).

A fé de Abraão continua a medir-se com a realidade e pede um sinal. É ainda uma fé que não fecha os olhos, mas persiste em entrar em crise no confronto com a dupla relação, Deus e a sua realidade. Daí nasce a pergunta de Abraão: "E eu, como posso saber que vou possuir a terra?". Abraão novamente pede um sinal. É característico do ser humano querer ver e tocar. Abraão, como qualquer um de nós, tem necessidade de sinais. É por isso que, quando Deus lhe promete descendência e terra (cf. Gn 15,5-8), ele pergunta: "Como saberei?". Em outras palavras é como se ele dissesse: "Qual é o sinal visível que podes me dar, para que eu possa crer nessa promessa?". É aí que entra a fórmula de pacto já conhecida. Deus lhe pede para trazer os animais (cf. Gn 15,9), mas não pede para dividi-los. Ele os traz e os divide, com exceção das aves, segundo o ritual costumeiro, colocando uma metade contra a outra. Depois disso, uma dificuldade sobreveio e ele deve ter pensado: "Aqui estou, pronto para passar entres as partes dos animais divididos, mas... e o meu parceiro neste pacto que não está aqui, visível e palpável? Como vai acabar tudo isso?". Ele deve ter-se sentado para esperá-lo, e não por pouco tempo, porque as aves de rapina já baixavam sobre os cadáveres e ele as expulsava (cf. Gn 15,10-11). O texto de Gênesis 15,12 não diz a que hora do dia Abraão cortou os animais e pôs-se a esperar. Apenas afirma que, ao cair da tarde, ele sente um torpor e fica com medo. Quando se fez noite, Abraão vê uma fogueira fumegante e uma tocha de fogo passando por entre as partes dos animais divididos (cf. Gn 15,12.17). E em Gênesis 15,18, o narrador conclui: "Naquele dia o Senhor estabeleceu uma aliança com Abrão [...]".

Simbolismo da divisão dos animais

A divisão dos animais tem um sentido simbólico. Daí nasce a expressão "cortar uma aliança" (*KaRaT BeRiT*), como já foi explicado na introdução. Nesse ritual é feito, por parte dos envolvidos no pacto, um pedido de morte sobre si, em caso de possível infidelidade. Esse é um modo de tornar absoluta a aliança. Esse rito execratório (maldição) está ligado à posse da terra prometida aos descendentes de Abraão, mesmo que essa posse não seja definitiva. É um rito de vida, porque se trata de uma promessa de Deus, que é sempre a favor da vida. O rito, porém, é feito por meio de sinais que evocam a morte, como o sacrifício dos animais, em que o sangue se torna sinal de testemunho.

A atitude de Abrão de espantar as aves de rapina que descem sobre os animais parece indicar um gesto normal e significa que a promessa de Deus envolve também a participação humana. Deus faz a promessa, mas Abraão é chamado a defendê-la, espantando as aves de rapina. Estas representam os elementos de oposição e violência que querem atrapalhar e colocar em perigo a aliança entre Deus e o seu povo. É uma promessa de vida que engloba a morte. Os descendentes de Abraão terão a terra, mas ela lhes será tirada por inimigos, e então viverão como exilados em terra estrangeira. Para que a aliança subsista e a promessa de Deus permaneça, é necessário que permaneça Deus e permaneça também Israel. Os inimigos atentam contra tal aliança. O pecado e a infidelidade de Israel atentam contra ela. Essa aliança não é dada de uma vez por todas. A aliança deve ser continuamente acolhida, construída e salvaguardada. É um dom de Deus acrescido pelo empenho e pela vivência do povo.

O torpor de Abraão é outro elemento que representa morte. Não indica um sono natural, mas uma espécie de desmaio. Ele perde o conhecimento, a consciência; é um estado semelhante à morte. O sono é coligado com a morte, pois é uma entrada no escuro onde o ser humano não tem mais consciência de si e da realidade que o cerca. A manifestação de Deus na história humana é de tal modo misteriosa e transcendente, que o ser humano não pode ser testemunha (cf. Ex 33,20). O torpor tomou conta de Abraão e ele teve medo diante da manifestação de Deus. E ele viu e testemunhou a passagem de Deus na representação do fogo,[3] "é noite e ele vê a tocha de

---

[3] O fogo é um dos elementos da natureza utilizado com mais frequência nas Escrituras para representar Deus. Cf. Ex 3,1-6; Dt 4,24.36; At 2,3-4.

fogo que passa através dos cadáveres". Mas a atitude de Abraão é passiva, não pode participar dessa manifestação do mistério. O mistério sublinha a total gratuidade do dom da promessa. Fica claro que o ser humano não pode fazer nada, a não ser cair no torpor. Abraão já havia passado por entre as partes dos animais divididos, conforme o ritual, e naquele momento vê Deus passando. Quando os dois lados contratantes (Deus e Abraão) passam e proferem o juramento, a aliança é concluída. É por isso que se diz: "Naquele dia o Senhor estabeleceu uma aliança com Abrão [...]" (Gn 15,18).

Aspectos da aliança: fé e circuncisão

Podemos destacar em Gênesis 15, como fizemos com Gênesis 9, os pontos mais importantes que nos permitirão estabelecer comparações entre as duas narrativas:

a) Há uma promessa: terra e descendência (cf. Gn 15,5.7).

b) Um sinal: as estrelas do céu (cf. Gn 15,5), os animais divididos (cf. Gn 15,10) e a tocha de fogo (cf. Gn 15,17).

c) É uma aliança voltada para o futuro.

Temos aqui, comparando com a aliança de Noé do capítulo 9, alguns pontos que constituem um avanço:

a) Existe um diálogo direto entre Deus e Abraão.

b) Começa a se delinear o vulto de um povo.

c) O sangue dos animais é o testemunho do pacto que se estabelece.

d) Deus se faz presente na tocha de fogo.

Até este momento vimos o aspecto interno da aliança: a fé. Feito isso, passemos agora ao capítulo 17 para conhecer o seu aspecto externo: a circuncisão. Antes, porém, é bom escrever algumas palavras sobre esse rito tão antigo e, ao mesmo tempo, tão atual e presente em nossos dias. A expressão completa em hebraico é *BeRiT MiLáH*, "aliança da circuncisão", que consiste, na prática, em retirar a parte do prepúcio que cobre a glande do pênis. A circuncisão é praticada no oitavo dia do nascimento do menino, segundo o mandamento bíblico. Embora esteja inserida em um âmbito religioso, os críticos sublinham que a circuncisão já era realizada por muitos povos da antiguidade, mesmo muito antes da época de Abraão. Diferentes teorias são mobilizadas para explicar o motivo inicial dessa prática: cerimônia tribal de iniciação e pertença a um grupo étnico;[4] rito mágico destinado a apaziguar a cólera dos deuses contra os humanos de sexo masculino; rito masculino de fertilidade praticado na puberdade.

Circuncisão: sinal visível de pertença

Seja qual for sua origem, a circuncisão se tornou o sinal por excelência da relação de amor existente entre Deus e os filhos de Israel (cf. Gn 17,10-12) e, por incrível que pareça, conserva ainda hoje o sinal de pertença. Quando uma criança é circuncidada dentro do ritual que lhe é próprio, significa que ela pertence à comunidade de Israel, que vive uma relação especial com o Senhor seu Deus. A circuncisão extrapola o aspecto físico. A Bíblia fala em circuncisão do coração (cf. Dt 10,16; 30,6; Jr 4,4). Na prática da circuncisão, porém, devemos

---

[4] O processo de formação do povo de Israel pode ter sido resultado da aglomeração de vários grupos étnicos diferentes. Ora, sabemos que o elemento principal para nos fazer pertencer a um clã, a uma família, é o sangue. É a maneira de nos sentirmos irmãos num grupo misto, do ponto de vista da origem. Desta forma, faz-se necessária a consciência de um progenitor único, Abraão, e de um ritual que, por meio do sangue derramado e testemunhado, possa irmanar os membros do grupo. Mediante esse rito que se torna sagrado, todos passam a ter o mesmo pai e o mesmo sangue. Deve ser também essa a razão pela qual é marcado o órgão genital (reprodutor), lugar de onde brota a vida daqueles que pertencem a Israel e a Deus. Essa compreensão nos aclara o batismo nas comunidades cristãs.

levar em consideração o valor que é dado ao sangue. Ele é testemunha da pertença ao povo da aliança e deve ser associado ao sangue do Cordeiro que sela a aliança. É dentro desse espírito que gostaríamos que a nossa reflexão sobre Gênesis 17,1-14.23-27 fosse conduzida. A aliança da qual a circuncisão é sinal tem caráter eterno (cf. Gn 17,7-8). Negligenciar esse rito é como violar a aliança (cf. Gn 17,14). De modo que não importa a época na qual esse rito seja praticado. O que conta realmente é, onde ele se fizer presente, dentro do mesmo espírito e consciência, a aliança de Deus com o seu povo mantém-se perpetuada. Portanto, não concordamos com a ideia de que a circuncisão é artificial e ultrapassada. Para a comunidade judaica, é sinal visível de pertença a Deus e à comunidade. É, assim, sacramento tão significativo quanto o batismo para os cristãos. O sangue tem valor de testemunho no ritual da circuncisão (cf. Ex 4,24-26) como em outros ritos, especialmente na aliança do Sinai (cf. Ex 24,1-7).

A aliança com todo o povo (Ex 24,1-7)

Chegamos ao ponto central da história bíblica no Primeiro Testamento, que é a aliança do Sinai. Até agora, as duas alianças que vimos com Noé e Abraão foram estabelecidas de forma indireta, com relação ao grupo ou clã, e bastante restritas às suas respectivas figuras.

Nesse sentido perceberemos, na aliança do Sinai, uma grande evolução, pois, desta vez, é o povo que vai ouvir o que Deus tem a dizer, por meio de Moisés, e cabe a ele a decisão de aceitar ou não. Essa experiência de aliança é colocada após o êxodo do Egito. A saída do Egito é para o povo inteiro a reafirmação do caminho trilhado pelos ancestrais, e nesse momento esse mesmo povo adquire a consciência de que também deve trilhá-lo. Tal caminho consiste no chamado de Deus a uma diferenciação, a entrar numa peregrinação de fé através do deserto em direção à terra prometida.

O consenso no Sinai[5]

Antes da leitura de Êxodo 24, recordemos o início do capítulo 19, no qual a cerimônia de aliança é preparada e Deus promete fazer de Israel sua propriedade, um reino de sacerdotes e uma nação santa (cf. Ex 19,5-6), e o povo já antecipa a sua resposta dizendo: "Tudo o que o Senhor falar, nós o faremos e o obedeceremos" (Ex 19,7). O restante do texto, dos versículos 9 a 15, é a descrição de como deverá ser essa preparação.

Compreende-se que tal aliança é uma espécie de renovação, de extensão da aliança de Abraão com Deus (cf. Gn 15). O povo que a faz agora é a mesma posteridade de Abraão a quem Deus havia feito as promessas (cf. Gn 12,15). De forma que a aliança do Sinai é a aliança por excelência, não só porque nela está resumida toda a história do povo e todo o seu futuro dela dependerá, mas também porque ela contém todas as características de um ato legal, cultural e socialmente conhecido. A narrativa coloca a tônica sobre o caráter voluntário desse ato por parte do povo. Após a manifestação de Deus pela leitura do livro da aliança, todo o povo deve formular o seu consenso: "Tomou o livro da aliança e o leu para o povo; e eles disseram: 'Tudo o que o Senhor falou, nós o faremos e obedeceremos'" (Ex 24,7). A aliança é marcada pelo sacrifício de animais (cf. Ex 24,5), o seu sangue aspergido sobre o povo (cf. Ex 24,7) e uma refeição é partilhada (cf. Ex 24,11). Todos esses aspectos atestam o caráter legal e consciente desse pacto. O consenso, do ponto de vista do matrimônio, como já vimos na linguagem nupcial da aliança, é de fundamental importância, porque sem

---

[5] Cf. Lv 26,46.

ele não pode existir casamento. Nesse sentido, o que define realmente essa aliança do Sinai é o consenso que se baseia na resposta afirmativa do povo, após ouvir a leitura das cláusulas do pacto. Sem ele não existiria aliança no sentido concreto da palavra. Essas cláusulas são os itens elencados no Decálogo e são o coração da aliança, como veremos a seguir.

Os dez mandamentos ou decálogo

O que foi chamado com o nome de Dez Mandamentos (Dez Palavras — numa tradução literal do termo) está em Êxodo 20,3-17[6] e no texto paralelo de Deuteronômio 5,6-22. Quanto à narrativa do Êxodo, o Decálogo ocupa lugar central dentro do que nos é contado sobre a aliança do Sinai, que vai do capítulo 19 ao 24,1-18 do livro do Êxodo. Mas é preciso dizer que o Decálogo é o coração das Escrituras. É o ponto para o qual tudo converge. É a fonte da aliança, de toda moral e espiritualidade de judeus e cristãos. É o que faz com que judeus e cristãos sejam o que são. É o que os identifica e dá vida. É como o resumo de tudo. Na realidade, é a base de toda a *ToRáH* (instrução, ensinamento de Deus). Esta não pode existir sem os mandamentos. É preciso notar que só a partir deles é que se pode definir a relação de aliança de Israel com Deus. Antes da apresentação dos mandamentos, o texto afirma: "Eu sou o Senhor teu Deus [...]", o que corresponde à primeira parte da fórmula da aliança. A segunda parte é o seu complemento, está subentendida e corresponde a: "E tu és o meu povo".[7]

O Deus de Israel se apresenta nas Escrituras como quem ordena. Assim ele tira o seu mundo do caos. E o primeiro indício de relação entre ele e o homem criado já aparece por meio de

---

[6] Esse texto recebeu o nome de "Livro da aliança" (*SeFeR HaBeRiT*, em hebraico).
[7] Cf. Lv 26,12b.

um mandamento: "E o Senhor deu ao homem este mandamento: 'podes comer de todas as árvores do jardim. Mas da árvore do conhecimento do bem e do mal não comerás, porque no dia em que dela comeres terás que morrer'" (Gn 2,16-17). Deus se revela como alguém que ordena, autoriza, impõe limites e proíbe. Mais adiante também se diz de Abraão quando foi eleito: "Pois eu o escolhi para que ele ordene a seus filhos e a sua casa depois dele, que guardem o caminho do Senhor, realizando a justiça e o direito; deste modo, o Senhor realizará, para Abraão, o que prometeu".

É preciso observar aqui que essa forma de compreender e expressar a relação de Deus com o homem perpassa toda a Escritura e está fortemente presente também nos escritos do Segundo Testamento. Parece não ter outra saída: a Palavra de Deus é dada (revelada) para ser posta em prática pelo homem e nisto consiste as duas dimensões do pacto.[8]

Os mandamentos são sempre vistos num contexto de Bem (escolher e praticar) e de Mal (discernir e evitar), de bênção e maldição, de vida e de morte etc. Essa forma de compreensão e de prática passou a ser conhecida, ao longo dos séculos, por "dois caminhos".[9]

Assim sendo, podemos dizer que o cumprimento dos mandamentos do Senhor constitui a espinha dorsal, por assim dizer, do pacto estabelecido entre ele e o seu povo: "Ele escreveu nas tábuas as palavras da aliança, as dez palavras" (Ex 34,28); ou ainda: "E veio Moisés e referiu ao povo todas as palavras do Senhor e todas as leis, e todo o povo respondeu a uma só voz: 'Nós observaremos todas as palavras ditas pelo Senhor'"

---

[8] Cf. Dt 11,32; 29,28; 30,14.
[9] Cf. Dt 11,26-28; 30,15-20; Sl 1; Eclo 15,16-17; Jr 21,8; Rm 6,21; Mt 7,13-14.24-27; 1Jo 2,17.

(Ex 24,3). Romper a aliança é abandonar os mandamentos: "Desprezaram seus estatutos, bem como a aliança que ele havia concluído com seus pais, e as ordens que lhes havia dado" (2Rs 17,15-16).

O fato é que, como estamos vendo, a relação de Deus com seu povo caminha como qualquer relação: tem altos e baixos, rupturas e continuidade, como veremos a seguir.

Ruptura e continuidade

Ruptura e continuidade são partes integrantes da natureza do mundo criado por Deus. Israel desde muito cedo compreende que só Deus está fora dessa perspectiva: ele é outro com relação ao seu mundo. É também por esta razão que nele não há imperfeições e da parte dele não podem vir infidelidades. Por isso que vamos nos deparar sempre com um refazer o caminho, uma renovação da aliança. É o que acontece com a primeira aliança concluída no Sinai (cf. Ex 24,1-8). Esta foi corrompida com o episódio do bezerro de ouro (cf. 32). Vendo esse desvio, Moisés quebrou as primeiras tábuas nas quais estavam escritas as cláusulas da aliança. Mas, como sempre, não se para na ruptura. Moisés é ordenado a confeccionar novas tábuas e tudo é recomposto (cf. 34,1.10-17.28-29.32), não pela fidelidade do povo (cf. 31,21-22), mas pelo infinito amor e perdão de Deus.

No amor gratuito de Deus em estabelecer um relacionamento de aliança com o povo, podemos observar o seguinte: uma aliança aparece sempre como uma espécie de emenda e de proteção. Um exemplo é o caso de Noé, como já vimos, que faz a ponte entre um mundo que deveria ser destruído totalmente e outro que continua na sua família. É Deus se interessando e amando o seu povo com um amor incondicional. Sempre que acontece uma ruptura, uma nova oportunidade de continuação surge. Assim, essas três grandes alianças com Noé, com Abraão e com o povo no Sinai foram feitas depois de uma grande tragédia, na qual o povo se encontrava desprotegido, desanimado, confuso e inseguro.

a) A aliança com Noé acontece depois da tragédia do dilúvio (cf. Gn 6,5–9,6).
b) A aliança com Abraão, depois da dispersão de Babel (cf. Gn 11,1-9).
c) A aliança do Sinai, depois da escravidão do Egito (cf. Ex 1,8–13,16).

Além de todos esses pontos, que são importantes, é bom lembrar que Moisés escreveu e relatou ao povo as palavras do Senhor, construiu doze estelas, uma para cada tribo, e aspergiu o povo com o sangue, dizendo: "Este é o sangue da aliança que o Senhor concluiu convosco, por meio dessas cláusulas" (Ex 24,8).

Dois fatores aqui são de fundamental importância: palavra e sangue. A palavra, porque é impossível compreender os feitos de Deus sem ela, a partir da criação, na primeira aliança e em todas as outras que seguem. O sangue significa a vida,[10] a pertença e, mais ainda, a vida que é dada, ofertada e que marca um compromisso.

Como a vida pertence a Deus, o sangue é devolvido a ele no ritual do sacrifício. Esses dois elementos são como um prelúdio da aliança em Cristo, na interpretação das Escrituras no Segundo Testamento, como veremos mais adiante.

É importante frisar que, a partir da aliança no Sinai, Israel vai sempre recordar que aliança é dom de Deus e que encontrou graça diante de seus olhos. A aliança é gratuita; é Deus quem

---

[10] Os antigos acreditavam que a vida estava no sangue, ou que o sangue era a própria vida. Daí, provavelmente, a proibição de derramá-lo (dos seres humanos: Gn 9,6) e de se alimentar dele (dos animais: Lv 17,14). Por isso também é que o sangue é redentor da vida (cf. Ex 12,7; 24,8; Mt 26,28).

pode e quer fazê-la. Israel é o destinatário que, pelo seu "sim", participa da vida de Deus e tem uma missão a cumprir.

Os textos que vimos até aqui convergem para a formação do povo de Israel e do seu relacionamento particular com Deus. Como estamos observando, os filhos de Israel constituem uma comunidade fundada sobre três elementos de extraordinária importância:

- a graça, dom de Deus (é ele quem cria, elege e faz aliança);
- sangue do sacrifício (o cerne da vida e elemento unificador);
- gesto, a Palavra de Deus e a resposta do povo pelo consenso (ponto de união do humano com o divino).

Aliança com Davi

No que diz respeito à figura de Davi, nas Escrituras e na Tradição de Israel, não fica muito claro que tenha havido uma aliança entre ele e Deus. Diferentemente dos patriarcas que faziam aliança com Deus, Davi é escolhido, ungido como chefe, como rei. Fala-se mais de promessas (cf. 2Sm 7,1-17). Praticamente temos duas passagens nas quais aparece o vocábulo "aliança", para falar da relação de Davi com Deus. A primeira está em 2 Samuel 23,5: "Sim, a minha casa é estável na presença de Deus: ele fez comigo eterna aliança, em tudo ordenada e bem segura. Não faz ele germinar toda a minha salvação e todo o meu prazer?". A outra passagem está em Isaías 55,3: "Farei convosco uma aliança eterna, assegurando-vos as graças prometidas a Davi". Nas duas passagens citadas, a tônica parece ser a descendência, a linhagem de Davi. Na primeira (cf. 2Sm 23,5) o peso está sobre a palavra "casa", com o teor de posteridade. E na segunda (cf. Is 55,3), a expressão "convosco" designa a comunidade atual que fará uma aliança, segundo o que já havia sido prometido a Davi. O termo aliança referente a Davi aparece em outras passagens,[11] provavelmente tendo como base 2 Samuel 23. Fala-se sempre de segurança, de imutabilidade e de fidelidade às promessas.[12]

Mas o fato é que, ao lado de Moisés, Davi é o personagem mais ressaltado na narrativa bíblica e na Tradição. Pode ser que o texto mais importante, como base para compreender a razão desse lugar ocupado por ele, seja o louvor ou a bênção do patriarca à tribo de Judá (cf. Gn 49,8-12):

> *Judá*, teus irmãos te louvarão,
> tua mão está sobre a cerviz de teus inimigos
> e *os filhos de teu pai se inclinarão diante de ti.*
> Judá é um leãozinho:
> da presa, meu filho, tu subiste;
> agacha-se, deita-se como um leão,
> como leoa: quem o despertará?
> *O cetro não se afastará de Judá*,
> nem *o bastão de chefe* de entre os seus pés,
> até que o tributo lhe seja trazido
> e *que lhe obedeçam os povos.*
> *Liga à vinha seu jumentinho*,
> *à cepa* o filhote de sua jumenta,
> lava sua roupa no vinho,
> seu manto no sangue das uvas,
> seus olhos estão turvos de vinho,
> seus dentes brancos de leite.

Esse texto, pelo que tudo indica, é bastante tardio. Nasce num tempo em que a tribo de Judá já havia assumido a

---

[11] Cf. Sl 89,3-4.26-27; 132,18-11.

[12] Cf. Sl 89,3; 2Sm 23,5.

hegemonia política sobre as demais, e que permanece na memória do povo como ponto de ligação, de união, de onde deve sair o Messias, o Ungido por excelência, para redimir Israel. Tal poema constitui a bênção messiânica que o patriarca Jacó derrama sobre o seu filho Judá. As palavras ou frases marcadas em itálico no poema nos orientam na percepção desses aspectos. O texto é claro: Judá está no centro, rodeado pelos outros irmãos que se curvarão, como súditos, diante dele. Nem o cetro nem o bastão de chefe se afastarão dele e que lhe obedeçam os povos. Uma frase de grande importância no texto é: "Liga à vinha o seu jumentinho" (v. 11). O seu valor se deve ao fato de que, na tradição de Israel, a "vinha" passou a ser símbolo do povo[13] e o jumentinho, a montaria do Messias,[14] como está escrito em Zacarias 9,9:

> Exulta muito, filha de Sião!
> Grita de alegria, filha de Jerusalém!
> Eis que o teu rei vem a ti:
> ele é justo e vitorioso,
> humilde, montado sobre um jumento,
> sobre um jumentinho, filho da jumenta.

Ora, sabemos que a figura de Davi é central na tradição messiânica. É por esta razão, provavelmente, que, na tradição cristã, Jesus nasce em Belém, o qual é território da tribo de Judá. Ele é apresentado como Rei-Messias que trará a redenção e, consequentemente, a paz.

É preciso lembrar que a tradição messiânica nasce no interior do movimento apocalíptico, como pode ser conferido

---

[13] Cf. Is 5,5.7; Jr 12,10; Mt 20,1-2.4.7.8; Mc 12,1-9; Lc 20,9-16.
[14] Cf., no Segundo Testamento, textos nos quais essa tradição é atestada: Mt 21,2-7; Mc 11,2-7; Lc 19,30-33; Jo 12,14.

no volume sobre a apocalíptica, desta mesma coleção. O ponto culminante da esperança apocalíptica é a conclusão da criação de Deus e o advento da era da paz com a chegada do Messias. Portanto, esse momento será também o do estabelecimento da relação de aliança de Deus, não só com seu povo escolhido, mas com toda a humanidade.

É aí que a figura de Davi é incluída numa perspectiva de aliança. E essa aliança, como já percebemos, é de caráter messiânico,[15] como veremos no momento de abordar os textos do Segundo Testamento.

---

[15] Cf. Is 42,1.6; 49,8; 55,3.4; Ml 3,1; Lc 1,32-33; At 2,30-36.

5
A aliança nos escritos proféticos e sapienciais

Aspectos sociais da aliança

Já vimos que o fator que coloca o homem em relação com Deus é o de ter sido criado à sua imagem e semelhança (cf. Gn 1,26), ser conhecedor do bem e do mal (cf. Gn 3,5.22), distinguir um do outro, fazer opções e dominar a criação (cf. Gn 1,28). Esse conhecimento faz com que o ser humano sinta-se próximo, parente de Deus. Liga-o, de modo consciente, a Ele. Só as partes que têm entre si algo em comum podem entrar em relacionamento de aliança. É de Deus e de sua humanidade. É o que faz com que os humanos reconheçam algo de humano em Deus e, em si mesmos, algo de divino. Daqui nascem, nos relatos bíblicos, os conceitos de direito, de justiça, de misericórdia, de bondade, de perfeição.

Não vamos, aqui, entrar em detalhes quanto à releitura que os profetas e sábios fazem da história do povo de Israel a partir de sua fidelidade ou infidelidade às cláusulas da aliança. Temos um volume sobre tal tema, em que essa questão é mais trabalhada. Vale dizer que, nas Escrituras, especialmente nos escritos proféticos e sapienciais, não encontramos uma abordagem do tema da aliança desvinculado da dimensão sociopolítico-econômica. Todo e qualquer contato de Israel com o seu Deus implica uma transformação moral e espiritual interna, como podemos observar em Amós 5,21-27 e Miqueias

3,1-12; todos os profetas se preocupam com a questão da verdade, do direito e da justiça. Ora, em Israel, não há nada disso sem observância dos estatutos da aliança, das cláusulas da *ToRáH*. O profeta Amós, em particular, é conhecido como "o profeta da Justiça" por combater toda forma de injustiça social. Já vimos que, naquilo que diz respeito à aliança, duas vias, inevitavelmente, se estabelecem: a do acerto (caminho certo) e a da perdição (desvio). Assim, Amós, para lembrar ao povo o rumo certo, recorda sempre os grandes feitos de Deus na história, tanto para exaltar o acerto (fidelidade) quanto para punir o erro (infidelidade).[1] O aspecto punitivo e ameaçador é sempre em função da educação para o bem.[2] Os profetas não inventaram essa postura. Ela é proveniente da consciência da relação particularizada que Israel tem com Deus. É a natureza, por assim dizer, da própria aliança que pressupõe uma prática. Não uma prática por mero apego às normas, mas por amor.[3] O mesmo amor que fundamenta a eleição e a aliança.

Nos escritos sapienciais ocorre o mesmo: direito, justiça e fidelidade são provenientes do temor de Deus e da observância dos mandamentos.[4]

Assim, o ensinamento profético e sapiencial, bem como o de toda a Escritura, é orientador do povo no sentido de abrir-lhe os ouvidos e o coração para as normas e estatutos do contrato de aliança. Esses ensinamentos são válidos para todos e em qualquer tempo no interior de Israel.[5]

---

[1] Cf. Am 4,6-12a.
[2] Cf. Am 3,1-2; 4,12b.
[3] Cf. Dt 5,1-2.32-33; 6,1-9.
[4] Cf. Eclo 1,1; Pr 2,7-22; Sb 1; Sl 1.
[5] Cf. Dt 15,1-15.14-20.

Aliança nos profetas

Vimos a aliança sob o prisma matrimonial, nos profetas. Deus como o esposo que escolhe Israel como sua esposa. Aqui vamos falar da missão do profeta, que consiste em ajudar o povo a viver a aliança, de reconduzi-lo ao caminho da *ToRáH*. No exercício e na prática dos mandamentos da *ToRáH*, encontra-se a sabedoria, que não é só dom de Deus, mas sobretudo uma conquista que exige cultivo, busca e compromisso.

Na concepção popular, profeta é aquele que prevê o futuro e, muitas vezes, como se a sua profecia não tivesse vínculos com a caminhada de fé do povo. Na Bíblia não existe profecia que não esteja enraizada nessa relação de amor, de aliança entre Deus e a comunidade. Tem tudo a ver com a fidelidade a Deus mediante a prática da *ToRáH*. Ela é muito abrangente e se apresenta como ensinamento, orientação, caminho que Deus oferece a seus filhos e filhas. A figura do profeta está estreitamente ligada a ela. Se considerarmos a *ToRáH* como caminho, o estar fora dela constitui o desvio. No momento em que o povo deixa o caminho e se envereda pelo desvio é que acontecimentos trágicos surgem. Nessa hora entra a missão do profeta para ajudar o povo a voltar para o caminho, para a observância da *ToRáH*.

Aliança e conversão

Quando viajamos por uma estrada em boas condições, temos uma surpresa desagradável se acaso surge uma placa indicando um desvio. De forma que a esperança de quem está no desvio é ele acabe o mais rápido possível e se possa voltar ao caminho verdadeiro. Nesse sentido a palavra conversão, em hebraico *TeSHuVá*, traz em si a conotação de "volta". Converter-se é voltar. Podemos dizer que esse é o desejo ardente do profeta: levar o povo à conversão; trazer os desviados para o caminho.

Resta-nos definir melhor o que é esse desvio na Bíblia, já que o caminho é a *ToRáH*.

Temos aqui uma oposição clara entre o que é verdadeiro e falso. O oposto do caminho verdadeiro é o desvio. O oposto do Deus verdadeiro é o deus falso: o ídolo. Muitas vezes, o povo estava no desvio acreditando estar no caminho. Era, exatamente, nesse momento que o profeta entrava em cena. Ele era alguém que tinha uma sensibilidade maior que os outros membros da comunidade e podia, por isso, ler a realidade e confrontá-la com a vontade de Deus. Se essa realidade estava em harmonia com a sua vontade contida na *ToRáH* e nos seus mandamentos, não havia nenhuma necessidade de ele. Mas se a prática do povo ia contra tal orientação, entrava em cena a ação profética. É por isso que a linguagem profética está sempre voltada para a questão da infidelidade à aliança concluída no Sinai.

Profecia: dom de Deus e ação humana

O profeta não era um filósofo ou um estudioso, nem a sua profecia era uma ciência que podia ser ensinada, como é o caso da sabedoria que veremos mais adiante. Não havia acesso à profecia pela prática da meditação e da oração. Não era uma conquista pessoal. Ela é dom de Deus, como a própria aliança. É Deus, portanto, quem escolhe certos indivíduos da comunidade e lhes dá a missão de receber e transmitir a Palavra divina (Ez 3,11; Is 1,2; Jr 1,4). Eles devem traduzir e transmitir, em linguagem popular, o fruto da revelação. O profeta, como mensageiro de Deus, não era livre na sua escolha, no sentido de que ele se sentia impelido interiormente a realizar a missão. Só nela encontrava a sua felicidade, mesmo em meio às incompreensões e tribulações, consequências da realização da sua visão. Normalmente, ele não queria essa missão e fazia de tudo para se livrar dela. É o caso de Moisés (cf. Ex 4,1.10-16; 6,30), de Jeremias (cf. Jr 1,6), de Jonas (cf. Jn 1) e de outros. Sem perder a sua própria identidade, o profeta passa a ser habitado pela

Palavra de Deus, que é a fonte de toda profecia. Ele é, antes de tudo, um mediador em função da aliança e da *ToRáH*. Assim, a mensagem divina é transmitida mediante a ação humana. E, desta forma, ela continua a ser o que foi desde o início: revelada e transmitida pela mediação humana.

O profeta é alguém plantado no centro dos acontecimentos, vivo, consciente, jamais alienado. Ele está enraizado no desenrolar da história do povo. A mensagem dele abrange todos os aspectos de sua existência humana, a partir de três referências fundamentais:

a) criação e eleição de um povo: Israel;

b) alianças e dom da *ToRáH* no Sinai;

c) realização das promessas feitas aos patriarcas e redenção (messianismo e escatologia).

O profeta, então, se orienta pelo que já existe de revelação de Deus. A sua mensagem, portanto, se estabelece num contexto de releitura. O profeta relê as Escrituras para torná-las acessíveis aos ouvidos do povo e, ao mesmo tempo, relê a vida do povo para incentivar e exigir a sua prática. A ascese na prática da *ToRáH*, conduz o povo à fidelidade à aliança. E aquele que é fiel se torna sábio e alcança a sabedoria.

O profeta Jeremias entendeu que essa fidelidade à aliança nasce do interior do ser humano, lá onde ela foi selada com Deus. A esta ele chama nova aliança, não mais escrita em pedras, como foi a do Sinai, mas escrita no interior do ser humano.

A nova aliança em Jeremias

Jeremias faz o anúncio de uma nova aliança, descreve os seus aspectos positivos e ressalta os limites da antiga aliança (cf.. Jr 31,31-34). Deus, pela sua livre iniciativa, instaurará uma nova ordem nas relações com o seu povo em Israel: "[...] porei minha lei no seu seio e a escreverei em seu coração. Então eu serei o Deus deles, e eles o meu povo" (Jr 31,33); a *ToRáH* do Sinai não será mais uma revelação inacessível, distante ao ser humano (cf. Dt 30,11-14); a *ToRáH* está próxima ao ser humano, no seu coração e na sua boca. A inscrição da *ToRáH*, no coração humano, realiza uma identificação do pensamento humano com a vontade de Deus. Escrever a lei no coração humano significa, segundo o livro do Deuteronômio, a "circuncisão" do coração (cf. Dt 30,6; Jr 4,4), o que implica mudança, conversão, fidelidade interior. A interiorização da *ToRáH*, por obra de Deus, é garantia da união da vontade humana com a vontade de Deus. A aliança será, por isso, nova, no sentido de que representa uma aliança de um ser humano novo, renovado interiormente. O profeta Ezequiel retoma o mesmo sentido ao falar da iniciativa de Deus: "Eu vos darei um coração novo e porei em vós um espírito novo [...]. Porei em vós o meu espírito e farei com que andeis segundo minhas leis e cuideis de andar segundo os meus preceitos" (36,26-27).

Jeremias, em 31,31-34, afirma mais do que uma simples restauração da aliança no Sinai, porque a antiga aliança foi superada e substituída sobre a base da *ToRáH*, que agora será praticada e assimilada. Não se trata de uma lei nova, mas de uma situação antropológica nova. A interiorização da *ToRáH* é que faz nova a aliança, pois é a possibilidade de um contato direto e imediato da pessoa com seu Deus e com a sua *ToRáH*. A nova aliança é obra de Deus, é uma promessa incondicional por parte dele, é expressão do seu "amor irrevogável" (cf. Jr 31,3). É bondade e fidelidade absoluta de Deus, que realizará a nova aliança dando-se a conhecer e oferecerá a Israel a capacidade de obedecer à sua vontade.[6] O que chama a atenção nesse oráculo de Jeremias é o caráter unilateral do ato de estabelecer

---

[6] Cf. BONORA, A. Alleanza. In *Nuovo Diccionario di Teologia Biblica*. Torino, Edizione Paoline, 1988. pp. 21-35.

a aliança. Tudo parte da iniciativa livre de Deus. Diante de inúmeras dificuldades, o povo pode colocar obstáculos à aliança e torná-la enfraquecida ou corrompida (cf. Jr 31,32). O profeta, porém, mostra sempre ao povo que Deus não desiste diante da fragilidade humana, e volta a propor uma nova aliança selada no coração do ser humano.

A aliança nos escritos sapienciais ou poéticos

Faz parte da literatura sapiencial na Bíblia os livros de Jó, Provérbios, Eclesiastes ou Coélet, Eclesiástico ou Ben Sirac, Sabedoria, e muitos incluem nessa lista os Salmos e o Cântico dos Cânticos. Todos esses escritos apresentam-se como uma busca da sabedoria e, ao mesmo tempo, como um desejo de ensiná-la para que sirva de guia para a vida cotidiana. Para Israel não é, como nos povos circunvizinhos, uma procura simplesmente da arte de bem viver e governar, mas o despertar da consciência de pertença ao povo que Deus amou e escolheu, e quer orientá-lo em seus caminhos. Para se chegar a essa compreensão é preciso investir, disciplinar-se. A sabedoria, em Israel, não é compreendida como um simples dom de Deus. Ela precisa ser cultivada, querida, amada. Aqui, dificilmente se colhe o que não se planta. A Palavra de Deus, os estatutos de sua aliança (*ToRáH*), precisa ser plantada e cuidada nos corações e como consequência desse exercício nasce a sabedoria juntamente com o temor a Deus.

Sabedoria e temor a Deus

"O princípio da sabedoria é temer a Deus" (Sl 111,10).[7] Nós já estamos mais ou menos acostumados com o vocábulo

---

[7] Observe também que no Salmo 111 o "temor" vem relacionado com "aliança" (v. 5), no Salmo 112 o "temor" está ligado à prática dos mandamentos (v. 1) e no v. 8 o temor a Deus liberta de todos os outros temores. Cf. também Pr 1,29.

"releitura". Vamos utilizá-lo sempre relacionado com a *ToRáH* dada no Sinai. Para os sábios judeus ligados, sobretudo, à corrente farisaica, a *ToRáH* está envolta em duas dimensões intimamente interligadas: ela é escrita e oral ao mesmo tempo. Ela já estava em nossos corações mesmo antes de ser dada a nós, por escrito, no Sinai[8] e, depois disso, podemos interpretá-la fazendo uma constante adaptação da sua mensagem, que é vida para a nossa realidade atual (cf. Pr 1,1-7). O que nos permite isso é a sua oralidade.

Nesse sentido é que vamos abordar os escritos sapienciais, e no que diz respeito ao versículo: "O princípio da sabedoria é temer a Deus" (Sl 111,10). Os sábios, mais tardiamente, dizem que aquele cujo temor do pecado é maior que a sua sabedoria continuará sábio. Ao contrário, aquele cuja sabedoria é mais forte que o temor do pecado, perderá a sua sabedoria. Mas é importante frisar que a sabedoria e o sábio na Bíblia não existem independentes do dom da *ToRáH*. Ela é, por excelência, a orientação, o caminho que Deus oferece para o seu povo eleito e, consequentemente, para toda a humanidade por meio dele. Em Deuteronômio 4,6 lemos: "Portanto, cuidai de pô-los em prática [os mandamentos], pois isto vos tornará sábios e inteligentes aos olhos dos povos. Ao ouvir todos esses estatutos, eles vão dizer: 'Só existe um povo sábio e inteligente: é esta grande nação!'".

O fato é que no período pós-exílico, por meio dos sacerdotes e escribas que se tornaram os guardiões das tradições nacionais e religiosas, a *ToRáH* se transforma em código, em princípio, fonte de toda sabedoria. O que eles vão fazer,

---

[8] Em Gênesis 17,1, Deus já havia dito a Abraão: "Anda na minha presença e sê perfeito". E em 18,19: "Pois eu o escolhi para que ele ordene a seus filhos e à sua casa depois dele que guardem o caminho do Senhor, realizando a justiça e o direito [...]". Ora, o caminho do Senhor foi compreendido posteriormente como a prática dos mandamentos da *ToRáH*.

escrutando-a para tirar dela normas práticas para a vida cotidiana, é uma verdadeira Teologia da aliança.

O que marca a literatura sapiencial é a diferença existente entre quem medita e pratica os estatutos da aliança (*ToRáH*) e quem os negligencia. Quem pauta sua vida neles é justo, quem faz o contrário é ímpio (cf. Sl 1). Em qualquer escrito sapiencial vamos nos deparar com essa realidade que perpassa todas as Escrituras. Assim, sábio é aquele que está inserido nessa dimensão, a qual é a mesma da aliança, como veremos ao, estudar o Segundo Testamento dentro da mesma perspectiva. Tal realidade volta, clara e evidente, quando encontramos nos lábios de Jesus esta frase: "Aquele que ouve essas minhas palavras e as põe em prática é como aquele que constrói sua casa sobre a rocha. [...] e quem as negligencia é como aquele que a constrói sobre a areia" (Mt 7,24-27; Lc 6,47-49).

6
A aliança no Segundo Testamento

No Segundo Testamento, a aliança entre Deus e o povo é firmada por meio de Jesus Cristo. Ele é o mediador da aliança (cf. Hb 9,12; 12,24). Não é mais a "tábua de pedra", mas é a *ToRáH* encarnada.

Evangelhos: nova criação

A Bíblia se apresenta em dois testamentos ou duas alianças. Na base de toda revelação bíblica está a relação de aliança, que se estabelece entre Deus e o seu povo: a comunidade judaica e a comunidade cristã. O que gera os textos do Segundo Testamento é a experiência feita da divindade e messianidade de Jesus pelo grupo de seus discípulos e de seus seguidores. Como aconteceu com os textos do Primeiro Testamento, os do Segundo Testamento também passaram pelo mesmo processo de desenvolvimento. Primeiro, eles foram vividos na experiência de fé da comunidade cristã primitiva de forma oral. Eram memórias que os primeiros cristãos tinham de Jesus. Essas memórias eram contadas, recontadas, repetidas, passadas de boca em boca, de coração para coração. Aos poucos, com a tomada de consciência de sua fisionomia própria, as comunidades cristãs foram escrevendo e documentando tudo. Essa necessidade de escrever nasce também por dois motivos principais: o primeiro é litúrgico e o segundo, catequético. Essas duas dimensões da mensagem cristã estão fundadas sobre o querigma[1] e na releitura das Escrituras, à luz da experiência de Cristo. Esse fato é de grande importância porque, é necessário frisar, a partir da experiência de Jesus feita pelas primeiras comunidades cristãs, elas vão reler todas as Escrituras, passo a passo, e apontá-las na direção dessa nova forma de viver.

Judeus e cristãos fazem a experiência do mesmo Deus

A aliança em Cristo só alcança o seu ponto culminante quando, a partir da releitura das Escrituras, se compreende que todas as promessas nelas contidas se realizam na pessoa de Jesus e na prática litúrgica e catequética dos seus discípulos, seus seguidores. A aliança do Segundo Testamento está estreitamente ligada à do Primeiro Testamento. Não existe ruptura entre elas. O Segundo Testamento não elimina o Primeiro, a experiência de fé cristã não suplanta a experiência judaica, a igreja não substitui a sinagoga. São duas dimensões da mesma experiência de fé autêntica no mesmo Deus de Abraão, de Isaac e de Jacó. Não podemos tampouco dizer que os judeus não aceitaram a mensagem cristã, simplesmente porque o próprio Cristo é judeu, bem como toda sua família e discípulos. Podemos afirmar que uma pequena parte, da comunidade judaica aceitou a messianidade de Jesus de Nazaré e a maior parte, não. Isso porque a maior parte não pôde, por razões culturais, históricas e circunstanciais, dar o passo de recebê-lo como messias, da forma como a comunidade cristã o experimentou e apresentou. Não conseguiu reler e interpretar as Escrituras como o grupo que fez a experiência de Jesus como Messias, Redentor, *Go'el* ou resgatador da humanidade, com o preço do seu sangue. A aliança em Cristo, no Segundo Testamento,

---

[1] É o primeiro anúncio da Vida, Paixão, Morte e Ressurreição de Jesus.

é selada com o seu sangue, exatamente da mesma forma que a aliança do Sinai, entre Deus e a comunidade dos filhos de Israel, é selada com o sangue do cordeiro. Tanto é que o título de cordeiro é aplicado a Jesus.

O Segundo Testamento relê o Primeiro

A releitura que o Segundo Testamento faz das Escrituras, no que diz respeito à aliança, está implicitamente ligada à criação: à ruptura pelo pecado. Deus criou, governa e vai concluir a sua criação, vai tirá-la do tempo cronológico que lhe é próprio e introduzi-la no tempo cósmico (eterno, que não passa).[2] Essa conclusão se dará, dentro da tradição bíblica, com a vinda do Messias. Com efeito, Paulo diz que por meio de um homem (Adão) o pecado entrou no mundo criado e por meio de outro homem (Cristo) o pecado foi extinto (cf. Rm 5,12-20). Os Padres da Igreja dizem que na ruptura estabelecida entre Deus e suas criaturas no início da criação, sua imagem e semelhança se corromperam em nós. É por isso que Deus nos envia o seu Filho que é a sua verdadeira imagem, para que olhando para ele nós possamos recompor o que foi deformado no início. Em outras palavras: Deus vem a nós para que possamos subir até ele. Ou ainda: ele se torna um de nós assumindo a nossa condição humana, para que a nossa humanidade possa se divinizar.

No início dos evangelhos canônicos, encontramos sempre um vocabulário que leva o leitor a ligar-se de imediato com as narrativas da criação. Para os evangelistas, o mundo é recriado em Jesus Cristo. João, no prólogo do seu evangelho, retoma o texto da criação do livro do Gênesis. Em Gênesis 1,1 lemos: "No princípio Deus criou [...]", e em João: "No princípio era o Verbo" [Jo 1,1]. Mateus inicia com a frase: "Livro da origem

---

[2] Essa compreensão ou consciência começou a ser desenvolvida no período do exílico e pós-exílico.

[do princípio] de Jesus Cristo, Filho de Davi, filho de Abraão" (Mt 1,1). Marcos inicia com a frase: "Princípio do Evangelho de Jesus Cristo, Filho de Deus. Conforme está escrito no profeta Isaías" (Mc 1,1). Igualmente Lucas afirma: "A mim também pareceu conveniente, após acurada investigação desde o princípio, escrever-te de modo ordenado, ilustre Teófilo" (Lc 1,3). Assim, o vocábulo "princípio" e as menções feitas aos patriarcas e aos profetas nos apontam para todas as Escrituras. O que significa que toda a narrativa, desde o início do livro de Gênesis e confirmada pelos evangelhos, está fundamentada nas Escrituras.

A esperança no Messias e a aliança eterna

A aliança do Sinai é de grande importância nessa perspectiva, pois sabe-se que, por meio dela, Deus restaurou o seu povo (cf. Os 2,14-24; Ez 16,59-63). Fala-se dessa restauração da aliança como um matrimônio de Deus com o seu povo (cf. Oseias, Jeremias e Ezequiel).

O fato é que, na tradição bíblica, aos poucos foi se adquirindo a consciência e a esperança numa aliança nova e eterna que Deus estabeleceria com o seu povo no futuro (cf. Jr 31,31-34; 24,7; 32,38ss; Is 55,1-3; Ez 16,59-63; 36,26-28; Zc 8,8). Encontramos, também, textos que mencionam uma restauração individual (cf. Ez 36,25-29; 39,29). Essa aliança, nova e eterna, não está desvinculada das alianças anteriormente estabelecidas com os patriarcas. Os profetas mantêm as fórmulas clássicas para falar da aliança nova (cf. Jr 31,33; Ez 36,28). Todos esses textos são revestidos da perspectiva messiânica, estão voltados para o futuro e retomam a mesma fórmula de aliança presente no livro do Êxodo: "Sereis para mim uma propriedade peculiar entre todos os povos" (Ex 19,5). No livro do Levítico: "Estabelecerei a minha habitação no meio de vós e não vos rejeitarei jamais. Estarei no meio de vós, serei o vosso Deus e vós sereis o meu povo" (Lv 26,11-12); e no livro do Cântico dos Cânticos:

"Meu amado é meu e eu sou dele" (Ct 2,16); "Eu sou do meu amado, e o meu amado é meu" (Ct 6,3).

Os escritos do Segundo Testamento, Evangelhos, Atos dos Apóstolos e cartas do apóstolo Paulo, mantêm a mesma ideia e compreensão do Primeiro Testamento, no que concerne ao vocabulário da aliança. Quando se referem ao termo *BeRiT*, sempre o revestem do mesmo sentido de relação, reciprocidade e desigualdade das partes que se aliam, com direitos e deveres, num mesmo pacto.

A releitura de alguns textos do Segundo Testamento, de forma paralela com o Primeiro, harmoniza a reinterpretação da aliança na ótica de Cristo. Essa releitura é feita, basicamente, a partir das promessas de Deus aos patriarcas. É nesse sentido que devemos compreender porque Lucas, em seu evangelho, apresenta Zacarias, pai de João Batista, louvando a Deus pelo cumprimento das promessas do passado (cf. Lc 1,72).

A aliança no sangue de Cristo

Aqui é importante, antes de falar da aliança em Cristo, retomar alguns aspectos já vistos, no que diz respeito à compreensão e conclusão de um pacto, de uma aliança. A aliança, seja no campo político ou religioso, exige um compromisso mútuo envolvendo ambas as partes contratantes. Está sempre acompanhada de um ritual, de um banquete, de sacrifícios, da divisão de animais em duas partes entre as quais os envolvidos no pacto devem passar e fazer o juramento. Juntamente com a formulação do juramento, o sangue do animal sacrificado testemunha o ato.

O sangue na primeira e segunda aliança

Encontramos menção de alianças estabelecidas com o sangue de um animal em várias passagens das Escrituras. Em Gênesis 15,7–12.17 na aliança com Abrão; no sangue da circuncisão (cf. Gn 17,9-12); em Jacó e Labão: em que o sacrifício vem acompanhado de uma refeição (cf. Gn 31,54; Ex 24,8). O que ocorre também é que, às vezes, as alianças são seladas somente com banquete de festa (cf. Gn 26,26-32; 31,54).

Todas essas formas e aspectos já nos são familiares. O interessante é que, quando começamos a ler o Segundo Testamento, nos deparamos com os mesmos comportamentos e linguagem. Fica, agora, mais fácil observar os textos que são centrais, na descrição da nova aliança, no sangue de Cristo, nos evangelhos (cf. Lc 22,14-20; Mt 26,26-28; Mc 14,17-25). A conclusão solene dessa aliança se dá durante uma refeição. Não uma refeição qualquer, mas aquela que celebra a retirada do Egito. Logo, o evangelista está relendo acontecimentos do passado e atualizando-os. Assim, o pano de fundo dessa ceia (banquete), na qual se dá a conclusão dessa aliança, é a narração da saída do Egito, que se perpetua na comunidade dos filhos de Israel até os dias atuais, como memorial.[3] Ela engloba toda a vida e morte de Jesus, como vítima voluntária, em favor de toda a criação. Portanto, vamos ler esses textos em consonância com Êxodo 24,1-11,[4] que é o texto central, em se tratando de aliança, no Primeiro Testamento.

---

[3] Cf. SAB. *O eterno entra na história*. São Paulo, Paulinas, 2002. vol. 12 (Série Visão Global. Coleção Bíblia em Comunidade). Sobre a celebração da Páscoa.

[4] Observemos que ele traz todos os elementos constitutivos de uma aliança:
    a) as cláusulas do pacto entre as duas partes distintas são lidas (cf. Ex 24,3a.7);
    b) existe um consenso: "Nós observaremos todas as palavras do Senhor" (Ex 24,3b.7);
    c) oferecem sacrifícios de animais (cf. Ex 24,5);
    d) o pacto é selado com o sangue: "Este é o sangue da aliança que o Senhor fez convosco, por meio dessas cláusulas" (Ex 24,8);

A fórmula sobre a qual essa aliança (cf. Ex 24,1-11) foi concluída lembra aquela da aliança com Abraão (entre as partes dos animais divididos: Gn 15). Aí, como aqui, a aliança foi selada entre duas partes distintas e de comum acordo. As duas partes dos animais, divididos na aliança com Abraão, são substituídos aqui pelas duas metades do sangue do cordeiro para o sacrifício. Isso significa que a aliança deve ser estabelecida com o sinal do sangue, símbolo da força vital. Isso porque essa aliança é de cunho universal e histórico. Ela exige da parte de Israel um empenho total, que vai até o sacrifício da própria vida. Da mesma forma, é o teor da aliança concluída com o sangue da circuncisão, na qual a nação exprime, de forma coletiva, a sua adesão a Deus. Cabe-nos somente lembrar, na passagem para o Segundo Testamento, que Jesus se oferece como vítima, e a aliança é selada no sangue do seu sacrifício e também revivida, celebrada num ritual perpétuo pela comunidade cristã.

Aliança em cristo e sua dimensão litúrgica

Vamos ter presente que o evangelho de Mateus 26,28 retoma o quadro descrito em Êxodo 24, apresentando, no que concerne a Jesus, o sacrifício de sua morte de cruz. É na cruz que a aliança eterna é concluída, com o seu sangue. O momento da ceia na qual Jesus toma o pão e o vinho, como seu corpo e sangue, já se apresenta aos nossos olhos como pertencente a uma dimensão litúrgica e catequética, num contexto de pós--morte e ressurreição. O que acontece é que a narração desse fato vem muito posterior à morte e ressurreição de Jesus, momento em que essa realidade já está sendo vista e vivida dentro de um quadro litúrgico. Assim, essa sequência normal da narrativa (o fato de a ceia de Cristo aparecer como uma previsão de sua morte de cruz) é uma reconstituição elaborada após os

---

e) organizam uma ceia (refeição): "Eles contemplaram a Deus e depois comeram e beberam" (Ex 24,11b).

acontecimentos ligados a Jesus e revestida de toda uma leitura teológica das Escrituras à sua luz. É por essa razão que tudo se apresenta agora dentro de uma dimensão simbólica: o pão é o corpo e o vinho é o sangue. O que é extremamente significativo, porque somente dentro dessa atmosfera de símbolos (liturgia) é que a comunidade dos cristãos pode continuar a viver desse mistério de salvação que se perpetua para sempre, onde houver corações batendo nessa consonância. O mistério faz-se eternamente presente sobre o altar, cada vez que esse rito e essas palavras forem memorados, assim como em Êxodo 24, quando Moisés asperge o altar e o povo com o sangue, lembrando à comunidade presente que "este é o sangue da aliança" (v. 8). Também a narração do Êxodo está situada num contexto de releitura de um fato passado. Ela não é a reportagem exata de fatos exatos. Este fato foi conservado na memória, elaborado muito tempo depois e prolonga-se no seio da comunidade pelo ritual celebrativo.

Nova aliança: Jesus e as Escrituras

Em Mateus 26,28, o vinho do cálice é o sangue da Nova Aliança, mostrando que Cristo estabelece outra relação entre Deus e as pessoas, com toda a humanidade por meio daqueles que aderem a ele. A comunidade dos cristãos, que nasce do seu sacrifício como o selo de um matrimônio,[5] tem a convicção de que nele, e por meio dele, Deus estabeleceu a aliança que os profetas tanto anunciaram e os filhos de Israel esperaram.[6] Os

---

[5] A Igreja nasce do lado de Cristo (cf. Jo 19,34) e se torna *una* com ele, assim como a mulher nasce do lado do homem, (cf. Gn 2,21-24) e se torna novamente *una* com ele. Cf. Jo 19,34, nota *e*, da *Bíblia de Jerusalém*. Na realidade a palavra *TSeLaH*, em hebraico, que foi traduzida por "costela" (cf. Gn 2,21), significa também "lado". Do ponto de vista da interpretação, tanto do valor igualitário do homem e da mulher, como criaturas de Deus que se apresentam em masculino e feminino e formam uma unidade, quanto no que concerne à aliança em Cristo, esta última acepção é mais expressiva.

[6] Is 53,3; Jr 31,31-34; 24,7-8; 32,38-40; Os 2,22-24; Ez 16,59-63; 36,27; Zc 8,8.

textos dos evangelhos estão numa sequência de ideias iguais, num processo de contínua releitura do Primeiro Testamento. Quando o evangelista João vê Jesus se aproximando e afirma: "Eis o Cordeiro de Deus que tira o pecado do mundo" (Jo 1,29), é uma referência clara ao cordeiro do sacrifício que sela a aliança, ao cordeiro pascal da saída do Egito (cf. Ex 12,1ss; 24,1-11); ao servo sofredor (cf. Is 53) e ao cordeiro que expia os pecados da comunidade (cf. Lv 14). Portanto, quem atesta a autenticidade da aliança estabelecida em Cristo são as Escrituras. De fato, não encontramos nenhuma proclamação acerca de Jesus nos evangelhos que não tenha as suas raízes firmes nas Escrituras.

Em Paulo, Jesus é a *ToRáH* encarnada

Paulo não é claro na distinção que faz entre *ToRáH* (Lei de Moisés) e as Escrituras. Ora ele parece ver a *ToRáH* como algo negativo; ora como positivo; outras vezes parece ver um antagonismo entre *ToRáH* e Escrituras. O que nos interessa aqui, porém, não é entrar em nenhum desses pormenores, mas ver como ele aponta Cristo como salvação da humanidade. Essa salvação já foi proclamada desde Abraão e está presente em todas as Escrituras. Além do mais, toda sua postura, às vezes bastante conflitiva, no que se refere à *ToRáH* e aos costumes do seu povo, é devido à abertura da mensagem cristã aos gentios. Para Paulo é por meio de Cristo que as nações entram em relacionamento de aliança com Deus, de igual para igual com os judeus (da eleição e da aliança). É nesse âmbito que se encontra toda a discussão relativa à questão da fé e das obras. O mais importante para ele, agora, é acreditar em Cristo como Messias e Salvador e não impor aos gentios toda uma gama de costumes que são unicamente pertencentes à cultura judaica. Para que essa nova mensagem seja realmente universal, é preciso que tenha como base algo que extrapole os grupos culturais distintos e possa se estender a todos os povos da terra, sem perder a sua força redentora. Essa base é essencial e consiste na fé[7] em Cristo. É por isso que Paulo pode dizer que nele "não há judeu nem grego, homem nem mulher, escravo nem livre" (Gl 3,28; Rm 10,12; 1Cor 12,13; Cl 3,11). Seria inocência considerar essas palavras ao pé da letra. É claro que a fé em Cristo não elimina de povo algum o que o caracteriza como povo; não o despersonaliza arrancando dele os traços culturais que lhe são peculiares. Mas é muito mais que isso: Paulo quer dizer que todos os povos da terra podem se achegar agora a Deus, por meio de Jesus, com tudo o que lhes é próprio. Cada homem, cada mulher, da forma que é, na sua individualidade, não importando os aspectos acidentais: cor, nação, cultura, origem etc. Tudo isso é relativo. O essencial é Cristo e o seu sacrifício redentor, que vai além de tudo isso e, por essa razão, se torna salvação para todos. É nele que Deus faz aliança com toda a humanidade.

A revelação do Deus vivo na história do povo

Alguns autores afirmam que, apontando a fé em Cristo como porta de entrada para o povo de Deus e o batismo, como sinal de pertença a ele, o apóstolo Paulo nega a eleição de Israel e a fidelidade à *ToRáH* (Lei mosaica).[8] Não devemos ver por esse prisma por várias razões:

a) O Cristo da pregação do apóstolo Paulo não "cai de paraquedas". Ele está, entre nós, enraizado na história, como salvação e presença encarnada de Deus. Segundo a teologia judeo-cristã, Deus tem um plano. Nesse plano, a criação teve

---

[7] Observemos que já foi falado no sangue da circuncisão como elemento vital e universal no que concerne à aliança de Deus com seu povo. Agora a "fé" em Cristo, para Paulo, exerce praticamente essa mesma função.

[8] SANDERS E. P. *Paulo, a lei e o povo judeu*. São Paulo, Paulus, 1990. p. 222.

início, se desenvolve e terá o seu desfecho. Tudo isso foi revelado, dado a conhecer ao povo judeu nessa relação de aliança.

b) O apóstolo é consciente, como bom judeu, do seu zelo pela *ToRáH*, antes de tomar conhecimento de Cristo. Isso significa que a *ToRáH* dada no Sinai é Palavra de Deus verdadeira e continua com o mesmo valor para aqueles da comunidade judaica que não fizeram a experiência de Cristo como Messias. O motivo de ele transferir para Cristo esse zelo anterior pela *ToRáH* só pode ser pelo fato de ter realmente visto nele essa mesma *ToRáH* encarnada. Com efeito, esse é o elemento fundante da mensagem evangélica: "E o Verbo[9] se fez carne e habitou entre nós" (Jo 1,14).

c) Paulo, utilizando os métodos de interpretação dos mestres judeus de sua época, lê todas as Escrituras[10] passo a passo, para justificar, a partir delas, as suas posições. Ele as considera inovadoras no que diz respeito a Jesus e às comunidades que se aglomeram em torno da mensagem do Evangelho.

d) O Cristo de Paulo é o mesmo do Evangelho, prometido por Deus nas Escrituras e enviado no tempo certo. Que vem, em primeiro lugar, para os seus (os da casa de Israel). Quando a maior parte da comunidade judaica não faz a experiência de Jesus e não o aceita como Messias, Paulo toma a decisão de ir aos gentios. A recusa ao Evangelho, pela maior parte de Israel, fez com que a salvação chegasse aos gentios (cf. Rm 1,16;

---

[9] Verbo significa palavra e a *ToRáH*, dada no Sinai segundo a tradição judaica, é Palavra viva do Deus vivo. Só assim, podemos compreender a sua encarnação que se manifesta viva em Jesus, um de nós, e sua humanidade continua viva em nós, seus seguidores.

[10] Com efeito, Paulo diz que por meio de um só homem (Adão) entrou o pecado no mundo e por meio de um só homem (Cristo) Deus derramou a sua graça sobre todos (cf. Rm 5,12.15). Desse modo, Paulo lê todo o plano da salvação de Deus centrado em Cristo.

11,11). Toda a Carta aos Romanos é dedicada a essas questões mais precisamente, e vale a pena conferir os capítulos 9 a 11.

Assim, vemos que é paradoxal, por um lado, a posição do apóstolo Paulo, quando dá a entender que os judeus não quiseram reconhecer em Jesus o Messias. Por outro lado, porém, ele parece mostrar que, se isso não acontecesse, os gentios não fariam parte dos eleitos. O fato também é que, com isso, ele nos apresenta uma humanidade à qual volta a suas origens de unidade inicial, mediante a vinda de Cristo. Então, ele nos mostra que esse é o querer, o desígnio de Deus, de concluir a sua criação.

Para finalizar, vale dizer ainda que esses aspectos estão fortemente presentes nos movimentos apocalípticos do período pós-exílico, assim como no livro do Apocalipse de João, no qual Deus conclui a sua criação nos tempos futuros por meio da aliança com seus eleitos. Tal aliança é selada com o sangue do Cordeiro, o qual é, ao mesmo tempo, o esposo da humanidade eleita.

Conclusão

Vamos concluir retomando, de forma sintética, o caminho que percorremos em toda a Bíblia, no que toca à aliança. Começamos com o início do livro de Gênesis, vendo na criação de Deus a primeira manifestação de seu amor pelo universo e seu desejo de estabelecer aliança com o ser humano. Outro fator de primordial importância é o fato de Deus ter criado o homem e à mulher a sua imagem e semelhança. É por essa razão que o ser humano pode tomar consciência de si mesmo e reconhecê-lo como Criador e estabelecer uma relação de compromisso mútuo com ele. Todas as dimensões da aliança são narradas nos moldes e parâmetros culturais do povo. Por isso, a linguagem matrimonial vai ocupar um lugar de destaque e perpassar todas as Escrituras. Eleição e aliança são tão importantes que podemos considerá-las como a espinha dorsal da narrativa bíblica. Tais alianças evoluem com o povo, no que concernem a sua compreensão, da maneira seguinte: primeiro Deus cria, depois faz aliança com Noé, com Abraão e com todo o povo de Israel, no Sinai. Nessas duas primeiras alianças — Abraão e Noé — ainda não temos ideia da constituição de um povo, no sentido concreto do termo. Elas são restritas às figuras de Noé e Abraão e se estendem por suas descendências. Ao passo que, aos pés do Sinai, já temos um povo constituído, consciente ao ponto de assumir por ele mesmo o dom da *ToRáH*, as cláusulas da aliança, pronunciando o consenso: "Tudo o que o Senhor disser, nós faremos e obedeceremos".

Toda a narrativa bíblica, daí para a frente, retoma sempre essa base. Os profetas vão reler toda a história do povo a partir da prática ou negligência dos mandamentos. Toda a literatura sapiencial está também voltada para essa realidade; nela é justo e sábio quem vive da *ToRáH*, e ímpio quem a negligencia. Por sua vez, o Segundo Testamento retoma todas as Escrituras e as relê à luz da experiência de fé em Cristo. Nelas, Jesus é o Messias, o Salvador e Redentor, prometido por Deus; é a *ToRáH* encarnada. E pelo seu sangue, como outrora fora pelo sangue do cordeiro, a nova e eterna aliança é concluída. E, assim, é por ele que todas as nações do universo encontram a vida de Deus e formam uma unidade com ele. Esta é a reflexão que encontramos tanto nos evangelhos, nos escritos de Paulo, como em outros escritos do Segundo Testamento, principalmente no Apocalipse de João.

Bibliografia

BEN-CHORIN, Shalom. *A eleição de Israel*: um tratado teológico-político. Petrópolis, Vozes, 1999.

CERFAUX, L. *Cristo na Teologia de Paulo*. São Paulo, Teológica, 2003.

CROATTO, J. S. *Isaías*: palavra profética e sua releitura hermenêutica. Petrópolis, Vozes, 2002. vol. III.

CRÜSEMANN, Frank. *A torá*. Petrópolis, Vozes, 2002.

DE PURY, Albert (org.). *O Pentateuco em questão*. Petrópolis, Vozes, 1996.

DE VEAUX, R. *Instituições de Israel no Antigo Testamento*. São Paulo, Teológica, 2003.

FOHRER, G. (org.). *Estruturas teológicas fundamentais do Antigo Testamento*. São Paulo, Paulus, 1982.

GONZÁLES LAMADRID, A. *As tradições históricas de Israel*. Petrópolis, Vozes, 1999.

MANNS, F. *L'Israël de Dieu. Essais sur le christianisme primitif.* Jerusalem, Franciscan Printing Press, 1996.

OVERMAN, A. *O evangelho de Mateus e o judaísmo formativo*. São Paulo, Loyola, 1997.

RICHARD, P. *O movimento de Jesus depois da Ressurreição*. São Paulo, Paulinas, 1999.

SICRE, J. L. *De Davi ao Messias*. Petrópolis, Vozes, 2000.

URBACH, E. E. *Les sages d'Israël, conceptions et croyances des maîtres du Talmud*. Paris, Cerf, 1996.

VON FRANZ, Marie-Louise. *Mitos de criação*. São Paulo, Paulus, 2003.

VV.AA. Allianze. In *Dictionnaire Encyclopédique du Judaïsme*. Paris, Robert Laffont S.A., 1993.

Sumário

APRESENTAÇÃO 3

INTRODUÇÃO 7
Significado da palavra *BeRiT* 7
Diversidade de exemplos de BeRiT
no Primeiro Testamento 8

1. O VALOR DA PALAVRA NAS ALIANÇAS 11
Influência de outros povos sobre Israel 11
A linguagem comum na aliança 15
Aliança entre pessoas 16
Eleição de Israel 17

2. A LINGUAGEM MATRIMONIAL NA EXPRESSÃO DA ALIANÇA ENTRE DEUS E O SEU POVO 19
Criação do gênero humano: gesto de amor 20
A linguagem esponsal no Pentatêuco 21
Israel, esposa de Deus, nos profetas 22
Oseias 22
Jeremias 23
Isaías 24
Ezequiel 24
A linguagem nupcial no Cântico dos Cânticos 25

3. A LINGUAGEM MATRIMONIAL NO SEGUNDO TESTAMENTO 27
Nos escritos paulinos 27
Nos Evangelhos 30

"Quem tem a esposa é o esposo" (Jo 3,29) 31
O simbolismo de Caná 31
O dote 31
Água e vinho 32
Proclamação da messianidade de Jesus 34
"Não sou digno de tirar-lhe as sandálias" 35
A alegoria dos cinco maridos 36
No Apocalipse, o fim da história 37

4. AS PRINCIPAIS ALIANÇAS NA BÍBLIA 41
A aliança com Noé (Gn 9,7-17) 41
Deus não abandona os seus eleitos 42
O efêmero a serviço do eterno 43
A aliança com Abraão (Gn 15,1-20; 17,1-14.23-27) 44
Abraão, pai dos povos 45
Simbolismo da divisão dos animais 47
Aspectos da aliança: fé e circuncisão 49
Circuncisão: sinal visível de pertença 50
A aliança com todo o povo (Ex 24,1-7) 51
O consenso no Sinai 52
Os dez mandamentos ou decálogo 53
Ruptura e continuidade 55
Aliança com Davi 57

5. A ALIANÇA NOS ESCRITOS PROFÉTICOS E SAPIENCIAIS 61
Aspectos sociais da aliança 61
Aliança nos profetas 63
Aliança e conversão 63
Profecia: dom de Deus e ação humana 64
A nova aliança em Jeremias 65
A aliança nos escritos sapienciais ou poéticos 67
Sabedoria e temor a Deus 67

6. A ALIANÇA NO SEGUNDO TESTAMENTO 71
Evangelhos: nova criação 71
   Judeus e cristãos fazem a experiência
   do mesmo Deus 72
   O Segundo Testamento relê o Primeiro 73
   A esperança no Messias e a aliança eterna 74
   A aliança no sangue de Cristo 75
   O sangue na primeira e segunda aliança 76
   Aliança em cristo e sua dimensão litúrgica 77
   Nova aliança: Jesus e as Escrituras 78
   Em Paulo, Jesus é a *ToRáH* encarnada 79
   A revelação do Deus vivo na história do povo 80

CONCLUSÃO 83

BIBLIOGRAFIA 85